EL CAMINO DEL DUELO

DON MIGUEL RUIZ
BARBARA EMRYS

El camino del duelo

Cómo encontrar equilibrio y belleza en tiempos de duelo

Urano

Argentina – Chile – Colombia – España
Estados Unidos – México – Perú – Uruguay

Título original: *Grief and Renewal*

Editor original: Urano Publishing USA, Inc

8871 SW 129th Terrace Miami FL 33176 USA

Traducción: Marta García Madera

1.ª edición Noviembre 2023

ISBN: 978-84-17694-49-4

E-ISBN: 978-84-18480-90-4

Depósito legal: B-16.838-2023

Fotocomposición: Ediciones Urano, S.A.U.

Impreso por: Rotativas de Estella – Polígono Industrial San Miguel Parcelas E7-E8

31132 Villatuerta (Navarra)

Impreso en España – *Printed in Spain*

Índice

Día
de
orientación

¡Hola y bienvenidos!

Hoy, empezamos un curso nuevo en nuestra serie de la Escuela de Misterios en el que hablaremos del tema de la muerte y la pérdida en la experiencia humana. Esta semana, consideraremos muchos puntos de vista sobre la muerte, mientras exploramos las maneras de evitar hacernos daño tras la pérdida.

El duelo describe la forma en la que la mayoría de nosotros respondemos a la pérdida. De forma natural, lloramos la pérdida de algo o alguien cuando hay un vínculo emocional fuerte. Nuestra forma de lamentar esa pérdida determina nuestra salud y felicidad en el futuro. Afecta a las relaciones que tenemos con nosotros mismos, con la gente a la que queremos y con la vida misma.

Independientemente de quiénes sean y de dónde vengan, ustedes saben cómo es el duelo. Cada cultura tiene sus propias tradiciones respecto a la muerte y la pérdida, pero cada persona expresa el duelo de una manera distinta. La mayoría de nosotros somos conscientes de que el duelo nos puede curar, o, si dejamos que persista demasiado tiempo, nos puede perjudicar. Puede hacer que superemos nuestro dolor, o nos puede tomar como rehenes toda una vida. El duelo nos puede inspirar a hacernos más fuertes. Pero también nos puede vencer.

La mente de ustedes, como la de cualquier persona, se resiste a enfrentarse a la realidad de la muerte. Sin embargo, la mente es crucial para el proceso de curación después de cualquier tragedia. Les puede enseñar a atesorar los recuerdos de quienes han muerto. Y quizás también les haga recordar que hay que ser amable con los vivos.

Todos conocemos la pérdida. Mientras crecemos, superamos muchas creencias y comportamientos. También tuvimos que descartar ideas obsoletas sobre nosotros mismos. Tuvimos que abandonar posesiones que apreciábamos. Y, sí, tuvimos que decir adiós a amigos íntimos, parejas y familiares queridos.

Conocemos la pérdida. También conocemos el temor a perder a personas a las que queremos. La muerte de un ser querido es desgarradora y confusa, pero puede revelarnos algunas verdades elementales sobre nosotros mismos. Nos puede enseñar a vivir una vida más satisfactoria, tras haber sobrevivido a un cambio transformador.

El legado de un ser querido perdura a través de nuestros recuerdos de dicha persona. Podemos utilizar los recuerdos para que nos ayuden a salir de la oscuridad, o para invitar a la oscuridad a entrar. Podemos utilizar el fallecimiento de una persona como excusa para sufrir o para redescubrir las maravillas de la vida.

En el transcurso de una vida, es probable que experimentemos muchas muertes y distintos grados de pérdida. Lloramos la pérdida de nuestra juventud y nuestra belleza. Con la edad, perdemos fortalezas que dábamos por sentadas. A cualquier edad, podemos lamentar la pérdida de un cuerpo sano o unas buenas facultades mentales. Puede que nos hayan arrebatado nuestro estatus social. Quizás hayamos perdido nuestra sensación de seguridad, o de identidad. Y, a veces, sentimos que nos hemos perdido a nosotros mismos.

Todos queremos estar a salvo y cualquier pérdida, o incluso la amenaza de una pérdida, puede resultar aterradora. Al sentir que la vida nos ha traicionado, podemos permitir que la amargura nos convierta en una persona distinta. El camino para superar nuestro duelo puede parecer un misterio… hasta que encontramos nuevas perspectivas.

A estas alturas, como ustedes lo saben, llevan toda la vida enfrentándose a misterios. A través del nacimiento físico, llegaron a un mundo de misterios. En los primeros meses y años de su existencia, exploraron las maravillas de la vida con una alegría desbordada. Tenían sed por aprender y todos los aspectos de su vida eran como un rompecabezas que esperaba ser resuelto. Les faltaba el conocimiento para explicar las cosas de entonces, pero eso no redujo su entusiasmo. En cuanto pudieron hablar, empezaron a hacer preguntas y buscar respuestas. Descubrieron que los símbolos eran la clave para resolver los mayores enigmas.

Números, letras, simples ilustraciones… todo esto les ayudó en sus esfuerzos para comprender y comunicarse. El lenguaje era su reto intelectual. Y también su mayor herramienta artística.

Con la información nueva, llegó el conocimiento. A medida que el conocimiento se hizo más familiar, ustedes mejoraron sus habilidades. Su sabiduría se amplió. Y con cada misterio que ustedes resolvían, se revelaban muchos otros misterios.

Su vida es su arte, así que recuerden abordar cualquier lección desde el punto de vista de un artista. Ustedes han aprendido mucho y han puesto lo que han aprendido en práctica; el resultado logrado es que su arte ha pasado a ser más interesante y complejo.

¿Ven que sobrevivir a una pérdida devastadora es otro de los innumerables retos artísticos de la vida? Pueden utilizar estos simples recordatorios como ayuda para superar dichos retos.

Ver.

Como cualquier buen artista, el reto que tienen ustedes es verlo todo, independientemente de que sea agradable o desagradable. Ser capaz de ver las cosas como son y no como las quieren ver es la esencia de la conciencia. Ver, sin prejuicios, refuerza la fe en uno mismo.

Sentir.

Permítanse sentir al máximo, sin importar lo tierna o terrible que les parezca esa emoción en concreto. Conviertan la tragedia en poesía, la desesperación en creatividad. Para proteger su propia obra de arte, transformen la tristeza en una celebración.

Decir «no» a sus historias.

Los pensamientos pueden llevarnos por caminos dolorosos o dirigir la atención al momento presente. Pueden fomentar la autocompasión o rescatarnos cuando la situación parece complicada. En general, los pensamientos no llegan como susurros, sino que nos golpean, gritan fuerte y vienen acompañados por un torrente de emociones. «¡Deja lo que estás haciendo!», gritan. «¡Óyenos! ¡Créenos! ¡Muere por nosotros!»

Por esta razón, los pensamientos no deberían ser un misterio para uno mismo. Es fácil oír lo que uno se dice a sí mismo. Usted puede oír y aprender. Igual que en la vida, en sus manos está cambiar y hacer modificaciones, incluso en el proceso de creación.

Decir «sí» a la vida.

Acepten las sorpresas de la vida. Digan «sí» a lo impredecible de la vida. Digan sí a sus posibilidades ilimitadas. Digan sí, porque la vida es el artista supremo que enseña a crear algo bello en cualquier circunstancia.

La existencia se define por un flujo constante de acontecimientos. Algunos pueden parecer trágicos y otros, alegres. En cualquier caso, los acontecimientos siguen ocurriendo. Ustedes normalmente responden por reflejo; pero pueden elegir responder de forma consciente. Pueden responder a la vida como lo haría un gran artista. Por ejemplo, pueden reconocerse a sí mismos como colaboradores activos con la vida. Pueden agudizar su ojo para la belleza. Pueden reducir sus prejuicios y abrirse al cambio. Pueden atreverse a ver las cosas como son.

También pueden ser más amables con su cuerpo y reconocer que es un amigo leal. De hecho, el cuerpo es más que un (mero) amigo. Es el amor de nuestra vida. ¿Alguien ha estado alguna vez conectado más íntimamente con ustedes que su cuerpo físico?

¿Alguien le ha apoyado más, en los buenos y en los malos tiempos, en la salud y en la enfermedad?

¿Alguien ha estado más dispuesto a servirles en sus mejores y peores impulsos o a ayudarles a lograr sus ambiciones? Es poco probable que alguien haya recibido tanto veneno de ustedes sin culparles ni sentir rencor.

No es demasiado tarde para demostrar al cuerpo el amor incondicional que merece. Nunca es demasiado tarde para ser un cuidador entregado de este ser humano. Respetar al cuerpo es la parte más básica de dominar la vida.

En general, no prestamos atención a nuestros cuerpos hasta que nos dan un problema. Y, cuando esto sucede, tendemos a sentir rencor. En la mayoría de los casos, culpamos al animal humano por la molestia que nos ha causado. Somos impacientes y críticos.

Lo vemos todo desde la perspectiva de la mente, que no siempre es compasiva respecto al ser humano. Estamos tan ebrios de la mente, y tan fascinados por nuestros pensamientos que no podemos ver las maravillas que existen más allá de ellos.

Todos tenemos la opción de salir de nuestra cabeza y ponernos (a nosotros mismos) a disposición de la felicidad. Podemos ponernos en contacto con personas cercanas. Podemos aceptar el amor que se nos ofrece y atrevernos a dar amor a cambio. Podemos dejar que nuestros corazones se abran más y más.

Si se les da la oportunidad, nuestros cuerpos físicos encontrarán la fortaleza para elevarnos a la claridad y mantenernos allí. Podemos ser pacientes mientras empezamos a aplicar nuestro arte de nuevo. Podemos elegir en qué creer, mientras todas nuestras piezas se levantan a partir de las ruinas de un sueño roto.

Como he dicho, una de las muchas consecuencias de perder a alguien es perderse a uno mismo. Es fácil desatender las necesidades del cuerpo en momentos de duelo. Es fácil, cuando el dolor pesa tanto, que ese peso nos hunda. Podemos ignorar todos los caminos familiares que conducen a la alegría y negarnos los pequeños placeres que hacen que vivir valga la pena.

En pleno trauma, o después de una pérdida inesperada, la autocompasión nos puede derrotar. Parece que la culpa o la vergüenza nos abruma. Sí, puede que perdamos el contacto con nosotros mismos, dando prioridad a la lealtad al muerto antes que al deber a los vivos.

Si alguna de estas ideas les resulta familiar, puede que estén listos para perspectivas más profundas. Si piensan que la muerte se llevó todo lo maravilloso que tenían, les garantizo que hay más maravillas esperándoles. La vida les llama para que vuelvan a su interminable juego de misterios.

¿Todavía están dispuestos a jugar?

Día 1:
La realidad

Poniéndose una mano a la altura de los ojos,
se dio cuenta
de que él también estaba formado por lo visible
y lo invisible...
¡aquellos millones de estrellas
y el espacio que había entre ellas!

¡Buenos días! ¡Bienvenidos de nuevo!

Hoy, empezaré con la historia de un curandero que vivió hace mucho mucho tiempo. Pero, como la mayoría de las historias inmemoriales, esta también trata sobre ustedes, sobre mí y sobre nuestro deseo natural de buscar la verdad.

Aquel hombre, pese a ser todavía joven, había dedicado su vida a buscar la verdad. Creía que ser un gran chamán implicaba más cosas de las que él había aprendido de sus enseñanzas ancestrales, estaba sediento de nuevas revelaciones. Por eso, dejó el pueblo una noche y siguió su camino hasta el alto desierto para encontrar un lugar tranquilo donde meditar.

Mientras el sol se ponía detrás de las montañas del oeste, encontró un lugar apartado y acampó. Comió algo sencillo y enseguida se quedó dormido bajo el cielo nocturno.

Mucho después de las doce, se despertó y se puso a mirar el cielo. No había luna aquella noche y las estrellas resplandecían. Cada partícula de luz brillaba como un diamante contra la oscuridad del espacio. Las estrellas... y el espacio vasto y vacío que había entre ellas.

Cuando el joven levantó la mano para frotarse los ojos cansados, se fijó en sus dedos perfilados contra el cielo brillante. Al mirar, parecía que veía *a través de* su mano, hasta las estrellas que había más allá. ¿O era posible que sus manos también estuvieran formadas por estrellas?

En aquel instante, (se) sintió como si despertara después de haber dormido toda la vida. Se puso de pie, bajó la vista a su cuerpo y, después, la levantó hacia el cielo nocturno. Una sonrisa de comprensión le iluminó la cara. «Estoy hecho de estrellas... y del espacio que hay entre ellas», se dijo a sí mismo.

Mientras procesaba ese pensamiento, también se dio cuenta de que las estrellas no creaban la luz, tal y como había pensado. La luz creaba las estrellas. «Todo mi cuerpo está hecho de luz», susurró. «¡Todo está hecho de luz!».

Vio que el espacio que había entre las estrellas no estaba vacío, sino lleno de luz que no se veía, porque no había materia que lo reflejara. Se dio cuenta de que la luz contenía toda la información de la vida. Su cuerpo, como todos los demás, estaba hecho de estrellas. Toda la materia estaba formada por átomos y el espacio que había entre ellos.

El universo está hecho de materia y de la fuerza creativa de energía que hace posible la vida. Esta fuerza es lo que realmente era él. Es la verdad para todos los seres vivos.

Aquella noche, en un momento de inspiración, el curandero se vio a sí mismo en todo. Se vio en cada humano, animal, insecto y árbol. Se vio en los bosques, océanos y prados. Se vio en las nubes, en la lluvia y en la tierra que había bajo sus pies. Vio cómo la vida combinaba la materia y la energía para crear innumerables manifestaciones de sí misma.

«¡Soy vida!», gritó al cielo reluciente. «Y me veo reflejado en todos los seres humanos!». De repente, fue tan obvio que los individuos eran espejos los unos para los otros, pero que había una especie de humo que nublaba su visión. Oscurecía la verdad para ellos.

«¡Ah!», exclamó. «El espejo es el soñador, la mente de cada ser humano… y el humo es el sueño en sí!»

Como es arriba, es abajo

El hombre que estaba debajo de las estrellas podía ver que su cuerpo era una copia de los cielos. Estaba formado por partículas de materia, y por el misterio que había entre las partículas.

Él estaba hecho de carne, sí. Estaba formado por materia, y también por la fuerza invisible que movía la materia. Él era la energía que sostenía a aquel cuerpo humano durante sus años de existencia y que algún día lo reclamaría.

De repente, el joven chamán de esta historia tuvo una visión más amplia. Podríamos decir que vio la perspectiva más grande posible. Igual que él, podemos adquirir sabiduría y perspectiva ampliando nuestra conciencia. Podemos levantar la vista a los cielos, o mirar hacia dentro al componente más simple de nuestros cuerpos, y ver la vida.

Solo existe una única perspectiva verdadera: la de la vida. Se percibe a sí misma a través de todo objeto y todo ser. La vida es lo único que hay.

Al darnos cuenta de esto, cambiamos nuestra forma de vernos a nosotros mismos y a todos los demás. Algún día, podría transformar la forma en la que todos los humanos vemos el mundo. La mayoría de nosotros imaginamos muy poco más allá de nuestras propias versiones de la realidad. Tenemos opiniones sobre lo que vemos y tomamos decisiones de suma importancia basándonos en esas opiniones. Sin embargo, las opiniones no son la verdad, sino historias que contamos sobre la verdad.

Igual que el curandero de esta historia, casi nunca dedicamos un momento a lograr una visión de conjunto. Pero durante aquella noche sin luna en el desierto, él comprendió por fin que le habían dado una idea equivocada las historias familiares de su juventud. Vio que el conocimiento, a pesar de todas sus maravillas, era el humo que oscurecía la toma de conciencia humana.

Aquella perspectiva lo cambió para siempre. Y, para asegurarse de no olvidar nunca las lecciones que había aprendido aquella noche, se dio a sí mismo un nombre nuevo. Se llamaría Espejo Humeante, Tezcatlipoca.

En todo momento, las personas podemos tomar la decisión de ser más conscientes. Podemos ampliar nuestro punto de vista o podemos equilibrar muchos planteamientos. Podemos abrir los ojos para tener una visión de conjunto, la mayor posible, como se atrevió a hacer Espejo Humeante.

Cada mente es la imagen de un espejo que refleja el mundo físico; pero los espejos también distorsionan lo que reflejan. ¿La mente de ustedes hace bien su trabajo? ¿Está lista para salir de su propio camino? ¿Está preparada para cuestionar el conocimiento y ver la vida tal y como es?

La historia de Espejo Humeante es una sencilla lección sobre la toma de conciencia. Nos recuerda que, incluso cuando somos adultos, estamos dispuestos a creer lo que nos dicen. Nos insta a abandonar la inocencia y empezar a ver las cosas como son.

Nuestras historias intentan explicarnos la verdad, pero a menudo nos alejan aún más de ella. El miedo distorsiona la forma en la que percibimos todo lo que nos rodea; y, por supuesto, el miedo falsea la forma en la que nos percibimos a nosotros mismos. Paralizados por nuestra versión de la realidad, nos imaginamos que la vida es algo separado de nosotros y que quizás incluso nos es hostil.

La existencia humana aporta agitación, tranquilidad y todas las probabilidades a la vez. Incluye todos los objetivos y expresiones simultáneamente. La vida es una comedia y una tragedia. Y nuestras historias no son la verdad; con demasiada frecuencia, se niegan a reconocer la verdad.

Nosotros somos miembros de una especie específica, existimos en un planeta entre muchos otros dentro de innumerables sistemas solares… dentro del único universo que conocemos. Nada de esto nos hace pequeños ni ordinarios. Todas las formas de vida, conocidas o desconocidas, son extraordinarias. Cada ser es un milagro de la creación.

Cada forma de vida tiene características únicas. Cada una tiene un talento que la diferencia de las demás y cada una hace su propia aportación a la vida en su conjunto. Sin embargo, ninguna criatura es inmortal. Independientemente de nuestra función, todos estamos hechos de materia y la materia no dura para siempre.

Sin embargo, la verdad sí, y la verdad es nuestra esencia.

El equilibrio

Algo muere y algo nace, continuamente. La materia existe en una forma, y, después, se reorganiza adoptando otra. O deja de existir como materia. La vida es el proceso perpetuo de creación y destrucción. El resultado, tanto si decidimos verlo como si no, es un equilibrio perfecto.

Los humanos nacemos, vivimos y morimos. Mientras vivimos, nuestras acciones reflejan el proceso de la vida. Somos creados y después, nosotros creamos. Somos testigos de muchos nacimientos y muchos tipos de muerte, pero no siempre nos resulta fácil ver el equilibrio.

La mayoría de nosotros reaccionamos mal a la pérdida. Sin embargo, para la vida infinita, nada se pierde y nada se gana. ¿Suponen ustedes que la vida se arrepiente de algún acto concreto de destrucción o creación? ¿Que lamenta haber hecho cosas que son mortales: un árbol, un pájaro, una persona? ¿La vida deja de crear debido a la tragedia de las cosas rotas?

La vida transforma la materia sin parar. Se podría decir que transforma el espejo, que es el cuerpo de ustedes, y el de todos los cuerpos vivos. A su vez, ustedes transforman el *reflejo* del espejo, que es su mente.

La mente utiliza el lenguaje para crear una descripción verbal de todo lo que experimenta el cuerpo físico. Recaba información y refleja dicha información a través de ideas. Esa es la función de la mente, y también su arte.

Con cada cambio de percepción, con cada nuevo entendimiento, la reflexión se hace más clara. El arte mejora. Creo que estarán de acuerdo en que el gran arte refleja bien la vida. Ustedes están a cargo de lo que creen, por lo tanto, ustedes pueden dirigir su atención igual que haría cualquier artista, con ojo para la belleza y deseo de la verdad.

A medida que la mente evoluciona, puede aprender a reflejar la vida de una forma más precisa y sincera. Para que eso empiece a ocurrir, debe creer sus propias historias menos y confiar en la vida mucho más. Veamos lo que implica.

Muchas de nuestras historias compartidas tratan de la muerte y la pérdida. Nos da miedo perder a nuestros seres queridos o perder los objetos que valoramos. Tememos perder las formas de pensar y creer que nos resultan familiares. Aparte de eso, nos da miedo no sentirnos a salvo.

No nos sentimos seguros cuando se perturba nuestra realidad normal. La idea de perder algo basta para causarnos miedo y el miedo impulsa nuestra toma de decisiones. Guía nuestras acciones. Se encuentra en el corazón de nuestra narración de historias.

Sabemos que nuestra vida acabará; sin embargo, luchamos contra la realidad de la muerte. Cuando algo que queremos se pierde, nos decimos a nosotros mismos que el dios al que adoramos no nos quiere o que la vida no es justa. Vemos la desgracia como un castigo; suponemos que la tragedia solo golpea a quienes no se merecen prosperar y ser felices.

Sin embargo, la muerte no discrimina. Toca a todo el mundo. La vida no discrimina; todo lo que existe es el resultado del proceso creativo de la vida. La pérdida es una parte inevitable de ese proceso. Como artistas, podríamos apreciar fácilmente la belleza y el equilibrio de la muerte, si no nos lo tomásemos todo como algo personal.

Sí, existe un equilibrio perfecto en la creación. De hecho, la forma en la que la vida corrige su desequilibrio es increíble; pero, para nosotros, puede parecer violenta, incluso catastrófica. Todo parece distinto desde el punto de vista de la mente.

Su mente es una función de su cerebro y, como el resto del cuerpo, su cerebro está formado por materia. Solo durará mientras dure su cuerpo físico. Sin embargo, a la mente le gusta contar otra historia.

La mente puede procesar cualquier número de filosofías complejas: pero es evidente que se resiste a la idea de su propia muerte. Lo ve como una imposibilidad y se imagina que vivirá para siempre, incluso sin el cuerpo.

En cambio, una mente consciente se ve a sí misma con más claridad. Puede admitir su papel como narradora de historias. Se puede ver a sí misma como artista y creadora, reflejando la vida con la claridad que conoce. Puede reconocer sus propias rarezas y limitaciones. Y puede aceptar su propia mortalidad.

Como veremos más adelante esta semana, nuestra mente incluso es capaz de crear su propio tipo de equilibrio construyendo algo gratificante a partir del trauma y la pérdida.

Inmortales

¿Recuerdan la historia del único espermatozoide que gana la carrera para crear a un ser humano? Un pequeñín que es capaz de fertilizar un óvulo, a pesar de los otros sesenta millones o algo así de espermatozoides que también fueron enviados a hacer esa misma tarea en ese mismo momento.

Bueno, hay otra cara de la historia. Sobre los muchos millones que no lograron su misión. Sobre todo el esperma que murió mientras intentaba crear vida. Esa parte de la historia se desarrolla cada vez que ustedes hacen el amor. Sucede siempre que las criaturas se aparean, lo que significa que sucede en tiempo real, todo el tiempo.

Por cada espermatozoide que gana la lotería biológica, existen millones que se sacrifican a sí mismos. ¿Les parece una tragedia a ustedes? En ese caso, es la tragedia original. Cualquier tragedia jamás contada nació a partir de esta.

Por supuesto, solo ilustro el proceso de creación, que no debería considerarse trágico. Es una tragedia perder a las personas que daban placer y significado a nuestras vidas. Aunque la pérdida de un ser humano pueda parecernos una catástrofe, la pérdida es básica para la creación.

La vida es la única fuerza creativa. No tiene historia ni personaje principal. La vida es energía ilimitada, y la energía no tiene planes personales. La vida es la verdad, y la verdad no tiene una intención.

Crear implica perturbación, cuando no cambio violento. Lo que antes existía se altera o se destruye y se puede afirmar que a la vida no le importa. Sin embargo, para el reflejo de la vida sí es muy importante.

A ustedes les importa. Igual que a la mayoría de las personas. Es normal que al ser humano le importe. Bloquearse por el propio drama es normal. De todas formas, que nos importe algo no significa que sea necesario causarnos daño. Y lo que ustedes piensan sobre que algo les importe, o sobre el drama humano, de hecho, podría hacerles daño.

Puede que a ustedes les preocupe mucho su cuerpo físico. Intentan evitarle todo el dolor emocional innecesario. Al mismo tiempo, les preocupan tanto las opiniones de otras personas que están dispuestos a experimentar el dolor una y otra vez. Pueden decir que no quieren destruirse a sí mismos, sin embargo, parecen dispuestos a morir, en pequeñas etapas, por sus propios arrepentimientos y recriminaciones.

Por lo tanto, deben prestar atención a los delitos que cometan contra sí mismos, muchos de ellos en nombre de la preocupación. Incluso como adultos racionales, ustedes encuentran excusas para hacerse daño y muchas razones para sufrir.

Al obedecer leyes espirituales, puede que se priven a sí mismos de comida y sueño. Quizás tengan hábitos y principios que vayan contra sus instintos naturales. Quizás sigan consejos que pongan sus relaciones en peligro, o ideologías que pongan vidas en peligro.

Y ustedes han aprendido el hábito de herirse a sí mismos como respuesta a la pérdida. El final de una aventura sentimental puede ser una excusa para castigarnos a nosotros mismos; incluso puede parecer razonable juzgarnos a nosotros mismos mil veces. El final de una carrera profesional o de una inversión de negocios nos puede afectar de la misma forma.

Puede que incluso nos volvamos contra nosotros mismos al pensar en una reputación dañada o en una humillación pública. Es posible que usemos personas y circunstancias como excusas para herirnos con regularidad.

Como la mayoría de las personas, es probable que nos hayamos mortificado por muchas pequeñas decepciones y fracasos imaginados. ¿Acaso no han visto nunca el amor como excusa para rechazarse a sí mismos, o dejar que un corazón roto continúe estándolo durante años? Los humanos corrompemos el amor usándolo contra nosotros mismos, pero el amor no es nuestra única justificación para el dolor.

Con frecuencia, utilizamos el éxito como motivo para sentirnos culpables. Utilizamos las felicitaciones como motivo para no sentirnos merecedores de algo. Usamos la idea de un ser divino para promover el temor y el odio. Luchamos entre nosotros por nuestras propias definiciones de la verdad. Y, por supuesto, usamos nuestro miedo a la muerte como excusa para no vivir una vida productiva y feliz.

Se puede decir que, en general, nos cuesta la idea de la vejez y la muerte. Nos hacemos daño a nosotros mismos resistiéndonos a lo que es inevitable, incluso a lo que es bello. Tenemos sed de historias sobre personas normales que se convierten en super-humanas, indestructibles. Queremos creer en dioses, semidioses y seres inmortales.

También podríamos querer considerar las maravillas de ser mortal. Puede que, aunque nos imaginemos que somos la especie superior, seguimos sin tener una idea clara de lo extraordinarios que somos, tal y como somos.

Corazón y alma

Hasta ahora, ustedes probablemente no hayan tenido ningún motivo para dudar de lo que piensan. El conocimiento les indica lo que deben creer o no creer, pero el conocimiento no son ustedes. Ustedes no son la suma de lo que saben. Ni las experiencias que recuerdan. Ni el personaje que han creado al que llaman «yo», con su larga historia y personalidad peculiar.

Ese «yo» no es su verdadero yo, sino un reflejo fantasioso de la verdad. Nuestra mente refleja la vida a través de historias, y el personaje principal de su historia particular es quien quiera que usted describa.

El «yo» es una parte esencial de su arte, y el arte siempre evoluciona. La vida siempre está cambiando la materia, igual que usted cambia el reflejo de la verdad. La vida es el gran artista y ustedes son sus estudiantes. A medida que ustedes toman conciencia de las cosas, se hacen maestros de otras personas.

Sí, se hacen maestros para las personas que puedan aprender de ustedes. Incluso en un duelo, ustedes tienen algo que enseñar. A medida que ustedes desafían sus propios temores respecto a la muerte, modifican el miedo de la humanidad. Cuando cuestionan sus propias actitudes sobre la pérdida, se convierten en una fuente de fortaleza para todas las personas que conocen.

Espejo Humeante volvió a su pueblo para contar sus perspectivas a las personas que quisieran escucharlo. Fue profesor al compartir su punto de vista con el mundo. Igual que ustedes. Ustedes se enseñan a sí mismos, a sus amigos, a sus compañeros de trabajo. Ustedes enseñan a sus hijos y a los de los demás.

En este momento, hay miles de millones de seres humanos que enseñan a otros seres humanos. Hay seres humanos informando a otras especies y otras especies informando a seres humanos. Cada criatura nace aprendiendo las costumbres de su especie, cada criatura pasará esa información a la generación siguiente. Cada una refleja la vida de una forma única.

La vida enseña a la materia a ser un espejo mejor, a reflejar la verdad de una forma más precisa. Enseña a todas las criaturas a beneficiarse de la experiencia de estar vivos, y compartir lo que han aprendido, lo mejor que puedan.

Para todo ser vivo, el aprendizaje empieza en la infancia y acaba cuando el cuerpo físico muere. Si ustedes comprenden esto, comprenden que la vida todavía les está enseñando. La vida nunca dejará de guiarles en su evolución.

Ustedes están hechos de materia, sí; pero también son la energía que crea materia. La colaboración de energía y materia produce innumerables formas de vida distintas. Cada una tiene su propia forma de percibir, y cada una refleja vida.

Todas las criaturas funcionan de formas que las hacen bien adaptadas para sus entornos. Como he dicho, ninguna vida es más o menos valiosa que otra; pero parece que los seres humanos prefieran considerarse superiores a todas las demás formas de vida.

Evidentemente, tenemos distintos talentos. Tenemos la capacidad de pensar. Podemos imaginar… podemos recordar el pasado y predecir un futuro. Sin importar si estas capacidades son únicas de los seres humanos, son increíbles. Sin embargo, se supone que pensar nos ayuda a crear. Con demasiada frecuencia, utilizamos ese talento único para causarnos confusión y miedo a nosotros mismos.

Igual que un espejo deformado ofrece una imagen distorsionada, pensar puede corromper la mayoría de nuestras buenas intenciones. Las ideologías nos vuelven contra nosotros (mismos) y las supersticiones nos vuelven contra nuestra propia especie.

Usamos las palabras como armas, incluso aquellas que nos deberían dar consuelo. Palabras como «amor» y «verdad» son sinónimos con la vida en sí. Sin embargo, en muchos casos, las empleamos contra la vida. Las utilizamos para crear conflicto. Las empleamos para hacernos daños.

En muchos casos, utilizamos el lenguaje, nuestro mayor arte, para causar temor y división. Usamos palabras como armas los unos contra los otros.

Contamos historias aterradoras sobre la palabra «muerte». Contamos historias desalentadoras sobre la palabra «amor».

«El amor hace daño», decimos. «El amor es una locura. Amar es someterse a la insensatez». Muchas personas piensan que el amor es una debilidad. Se considera un reto; algo que es demasiado complicado de afrontar. Piensan que es una emoción única, sin embargo, el amor es la fuerza de la vida misma. Es la fuerza que nos creó y que nos guía a través de los retos de un día normal.

La palabra «verdad» se interpreta de una forma distinta según la persona. Tendemos a pensar que la verdad es algo relativo, en lugar de algo único. La vida es la verdad. Nuestras historias y opiniones sobre la vida, no.

Malinterpretamos la idea de alma. Decir a alguien «Te quiero con todo mi corazón y toda mi alma» es algo muy profundo; usted y yo podemos estar de acuerdo en eso. Al fin y al cabo, el corazón simboliza la fortaleza y la profundidad de nuestras emociones. Pero, ¿por qué hablamos de «matar» el alma o de «robarla»?

El alma no está hecha de materia. El alma es una fuerza vital. No es algo que se pueda corromper o derrotar. No se puede reducir ni poner en peligro. La mejor definición de «alma» es la fuerza que reconoce a cada partícula dentro de un universo único.

Uno de estos universos es el cuerpo y cualquier entrada ilegal no es bienvenida. Cualquier sustancia extraña es atacada y rechazada. Somos testigos de esa reacción defensiva siempre que nos clavamos una astilla o contraemos un virus. Y, sin medicamentos antirrechazo, un trasplante de órgano fracasará.

El alma es energía, da apoyo a la integridad de la materia mientras exista. La materia es un baile de partículas y espacio. La materia no tiene forma, es insustancial; sin embargo, algo hace que parezca tener forma.

El alma es ese algo que mantiene todas las partículas de la materia unidas. Al mencionar el alma, reconocemos la parte de nosotros que es misteriosa y no se ve. Al invocar el alma, atraemos la atención a nuestra divinidad.

El personaje principal de nuestra historia es un mito; no tiene vida después de la muerte. Nuestro cuerpo físico también es temporal. Sin embargo, la vida siempre se renovará a través de la interacción de energía y materia. La vida siempre se reencarnará. Esa es la visión completa.

¿De qué modo tener una visión completa nos ayuda a curarnos, sobre todo después de una pérdida devastadora? Bueno, es importante recordar que la vida siempre esta creando. En este proceso, parece que se gana y se pierda mucho, sin embargo, el resultado logrado es el equilibrio total. En la visión completa, solo hay equilibrio.

El intercambio de información entre energía y materia es continuo, lo que da como resultado más y más vida. Ustedes son vida. Ustedes están formados por la misma energía eterna que crea mundos y la energía nunca se acaba.

Ustedes son el poder de la vida en acción. Al recordar esto, quizás comprendan mejor lo que significa creer en sí mismos. Tener «fe en uno mismo» es esta toma de conciencia de que ustedes son todas las partes de la ecuación de la vida. Ustedes son todas las cosas al mismo tiempo.

Ustedes son la vida y la muerte. Ustedes son energía y materia, y el baile continuo entre ambas. Aférrense a esa imagen cuando se queden dormidos esta noche. Mañana, les pediré que recuerden cómo funciona la vida y que consideren cómo funciona *el reflejo de la vida*.

Nuestro cuerpo es un organismo hecho de materia y energía. Está formado por cosas de verdad. Es una copia exacta de la verdad. Cuando hago referencia al *reflejo*, hablo de la mente.

Cuando me refiero a la *mente*, hablo de un narrador de historias. Hablo de la imagen irreal y poco fiable en el espejo de la verdad.

Día 2:
El reflejo

Imágenes de belleza que nunca encontrarán
en estanques turbios (salobres, salados)
sino solo en los que son claros y los que ofrecen reflejos.

¡Hola! ¡Bienvenidos de nuevo!

Como saben, estamos aquí para explorar formas de sobrevivir a una pérdida dolorosa sin hacernos daño a nosotros mismos. Queremos descubrir cómo nuestro enfoque a la muerte puede inspirar un punto de vista más consciente frente a la vida.

En nuestro primer día, era importante ver cómo funciona la vida. La vida crea más vida constantemente y la creación exige una agitación y un cambio dinámico, como podemos ver al observar nuestro planeta y el cosmos circundante.

La creación de nuestro sistema solar tal y como existe hoy implicó acontecimientos catastróficos que han continuado durante miles de millones de años. Estos acontecimientos continuarán sin fin. Y hablamos de solo un sistema planetario entre muchos más, en un universo que es demasiado enorme para comprenderlo del todo.

Espejo Humeante, un científico instintivo, vio que la luz existe en todas partes. Ustedes y yo estamos hechos de luz, y la reflejamos de formas obvias y también sutiles... Y rara vez pensamos de qué formas la reflejamos. Nuestras historias intentan reflejar la verdad, pero no lo son. Mientras ustedes escuchan estas palabras ahora mismo, se concentran en su significado, ¿verdad? Imagínense todas las funciones neurológicas que deben funcionar bien para que ustedes encuentren significado en lo que oyen. *Reflejamos la luz de formas sutiles...*

Imagínense nuestro cerebro, nuestra mente y nuestro sistema nervioso trabajando juntos para dar sentido a mis palabras. Imagínense, ahora, a ustedes convirtiéndolas en su propia historia, teoría y revelación. Esta es la genialidad, el arte, que ustedes tienen.

Tras percibir una percepción, ustedes conforman un pensamiento. Intenten imaginar las tareas que realiza su cuerpo ahora, mientras están sentados muy derechos. Quizá sientan los milagros que tienen lugar para que la comprensión sea posible. Puede que sientan que se sopesan y se procesan los pensamientos.

Más allá de los pensamientos y teorías, puede que noten algo más, como lo que es real en ustedes, o la sangre latiendo por sus venas y una corriente eléctrica fluyendo por su sistema nervioso.

Muevan la atención al exterior, y sientan la sala en la que se encuentran. Reconozcan los objetos que la llenan y el espacio entre dichos objetos. En lugar de verlo todo, intenten sentirlo.

Ahora, sientan todo el edificio, o casa, que ocupan. Sientan el vecindario que se extiende más allá. Después, háganse una idea de las innumerables criaturas de la Tierra que viven libremente su vida: trabajando, creando y sobreviviendo, igual que ustedes.

Imagínense la masa continental que está debajo de todo. Imagínense toda la superficie de este planeta; y, después, imagínense el planeta moviéndolos a través del espacio.

Expandan sus sentidos hacia afuera y visualicen el sistema solar, la galaxia que acoge a este planeta y las innumerables galaxias que hay más allá.

Es posible que su cerebro no tenga una imagen clara de este universo ni de otros universos inexplorados, pero ahora ustedes pueden empezar a sentir la infinita naturaleza de la vida. Ustedes pueden sentir que es verdad.

Ustedes pueden sentir la fuerza creativa e imparable de la vida. De alguna manera, ustedes son conscientes del poder de la energía misma. Ahí, en esa conciencia, es donde me gustaría que empezáramos nuestra conversación sobre la muerte y la pérdida.

Volver a contar la historia

La historia de Espejo Humeante es un homenaje al poder creativo que surge a través de cada ser vivo. La vida es el arquitecto y el creador de todo lo que vemos y experimentamos. Como la arcilla en las manos de un escultor, la materia es una obra de arte en continuo cambio.

El cuerpo humano está formado por materia, átomos y moléculas. Ustedes son una obra de arte en evolución. A través de pensamientos e ideas, nuestra mente refleja el mundo físico. Estructura su propia versión de la realidad contando una historia convincente. Y, sí, evoluciona; no según el plan de la vida, sino de acuerdo con nuestra voluntad.

Nuestra mente convierte lo real en símbolos: palabras, pensamientos e imágenes mentales. Transforma la vida real en algo virtual. Convierte por arte de magia la percepción en una narrativa y ustedes pueden dirigir dicha narrativa.

Como el espejo que es, la mente refleja el mundo físico tan bien como puede. Lo bien que lo haga depende de los materiales de los que disponga, es decir, la información que tenga a mano y la capacidad del cerebro para procesar esa información.

Contar una historia sobre todo lo que se percibe es un logro neurológico increíble. Es asombroso, pero también puede causar problemas serios. Cada mente acepta su versión de la realidad como la verdad. Y, dado que cada mente ve la realidad de una forma un poco distinta, esto puede conducir al conflicto.

La mayoría de nosotros nos sentimos más seguros cuando tenemos certidumbre. Y queremos que otras personas también se sientan seguras de nosotros.

Evitamos decir cosas como «No estoy seguro de si lo que voy a decir es cierto, pero...» o incluso añadir un simple descargo de responsabilidad como «Esto es solo mi interpretación de los acontecimientos». No queremos admitir que lo que decimos es una suposición.

De hecho, la mayoría de nosotros invertimos completamente nuestra fe en una idea, sin tener en cuenta las consecuencias. Nos comprometemos a nuestra versión de la verdad a toda costa. Hacer menos cuestionaría las creencias en las que se basa nuestra realidad. Nos haría sentir que no estamos seguros.

Esto no es ni bueno ni malo. Igual que la vida crea, todos creamos. Pero nos ayuda a ver cómo funciona nuestra mente. Cuando vemos que diseñamos nuestro propio reflejo de lo que es real, podemos modificar la forma de hacerlo. Podemos alterar el reflejo en sí. Podemos reflejar la vida de una forma más precisa, si no perfecta.

Como digo, la mente es increíble. Elaborar una historia a partir de la información que obtenemos de la vida es una genialidad. Aprender a modificar esa historia es un gran paso hacia la toma de conciencia. No creer nuestra propia historia o la de otra persona se puede denominar «trascendencia».

Trascender nuestro propio conocimiento implica maestría. Como un gran artista, ustedes pueden aprender a representar la vida de la forma más sencilla y auténtica posible. Pueden eliminar las expectativas. Pueden exigir nada más a la vida de lo que ofrece y no dar más de lo que permiten las habilidades que ustedes tienen.

Ustedes pueden ser maestros. Nuestra mente puede evaluar sus historias. Puede «escuchar» sus propios pensamientos. Puede decidir lo bien que esas conclusiones representan fielmente la realidad. Puede formar una colaboración consciente con el cuerpo físico, que beneficiará completamente a tu mundo.

Hasta ahora, nuestro cuerpo ha sido el sirviente de los pensamientos. La mente ha interpretado el papel de un tirano la mayor parte de nuestra vida. Con frecuencia, juzgamos y castigamos a nuestro cuerpo por sus deficiencias. Sin embargo, los denominados defectos y fracasos solo son parte de una historia construida a base de opiniones.

La mente humana no debería usar sus increíbles capacidades para juzgar, culpar o regañar al cuerpo. Sin embargo, eso es lo que hemos animado a hacer a nuestras mentes desde que aprendimos a pensar. Escuchen cómo se forman opiniones sobre ustedes mismos. Muchas de sus creencias se basan en una falta de respeto por el cuerpo físico.

«Solo soy un ser humano» es una frase interesante. No es la persona quien la dice, sino el conocimiento. Afirma que los humanos tienen defectos importantes. Sugiere que ser humano es denigrante y vergonzoso. Sin embargo, sin el humano no hay pensamiento, ni acceso al conocimiento. Sin el humano, no hay historia ni narrador de historias.

Soltamos insultos y condenas esporádicos a nuestros cuerpos sin parar. Juzgamos los cuerpos que nos rodean. Convertimos nuestras opiniones en actos de crueldad. Hacemos esas cosas de forma rutinaria y rara vez nos detenemos a preguntarnos la causa.

Nuestra mente vive en su propia historia. El cuerpo responde química y emocionalmente a esa historia. Responde a todos los pensamientos y todas las conversaciones, expresadas o sobreentendidas. Sin embargo, nuestra mente también puede admitir sus propios abusos y hacer cambios.

Nuestra mente puede aprender a servir al cuerpo humano. Al fin y al cabo, ¿no se ha pasado el cuerpo toda la vida sirviéndoles (a ustedes)? ¿Acaso no ha apoyado las creencias y opiniones irracionales que han tenido (ustedes)? ¿No le ha proporcionado las emociones que ustedes anhelaban? ¿No ha hecho todo lo que ha podido para curarse sin la interferencia de la mente?

Nuestra mente se puede ver a sí misma, y oírse y hacer correcciones. Puede optar por ser una cuidadora mejor. Puede rendir sus propios deseos a las necesidades del cuerpo. Puede aprender el lenguaje de la amabilidad y la gratitud.

Nuestra mente puede imaginar la verdad de una forma distinta. Puede aceptar el amor como el poder de la vida en sí, no como un juego ni un arma.

Y, al servir a la vida, puede aceptar dignamente la idea de la muerte.

Una mente consciente hace todo esto.

La voz y yo

La vida es todo lo que existe. La vida, o energía pura, crea la materia. Pensemos en una partícula de luz como el pilar inicial de la materia. Es un pilar o un ladrillo que inicia la estructura que es el mundo manifestado. La luz construye un universo de cosas visibles.

Sin luz, no habría mundo que ver, ni tendríamos la capacidad para verlo. La luz está en todas partes, como vio el joven chamán aquella noche en el desierto. La luz nunca está ausente. Por lo tanto, ¿qué es la sombra?

Una sombra se da cuando se obstruye la luz. Por ejemplo, el cuerpo proyecta una sombra en el suelo entre nosotros y los rayos del sol. Y podemos estar seguros de que un árbol grande y frondoso ofrecerá alivio frente al calor del sol.

También sabemos que cuando nuestro planeta se sitúa entre la luna y el sol, ustedes pueden ver su sombra cruzar la cara de la luna. Han visto eclipses y entienden lo que los hace aparecer. Por eso, saben que la sombra no es la ausencia de luz sino solo la disminución de la intensidad de la luz.

Pensemos en la *toma de conciencia* como la luz del sol. Imaginemos que estamos justo delante obstruyendo su flujo. El conocimiento puede reducir la intensidad del estado de conciencia, y a menudo lo hace. Gran parte de lo que ustedes creen inhibe la capacidad que tienen para ver.

Es difícil comprender algo cuando nos negamos a estar informados. Es difícil encontrar la iluminación cuando vivimos en lo hondo de la sombra de nuestras propias historias. Quizás veamos que hemos estado invitando este tipo de oscuridad aunque la vida nos ofrezca innumerables maneras de percibir el mundo.

Depende de nosotros hacer un esfuerzo para ver lo que existe de verdad. No hay que tener miedo a ver. Debemos ver la fuerza de la vida en todas las cosas. Ver por debajo de la superficie, en las profundidades de nosotros mismos. Solo hay vida: subiendo, bajando y volviendo a subir.

Debemos tener paciencia cuando aprendemos a ser más conscientes. Cuando vemos que nos cuesta trabajo ir contra la increíble corriente de la vida, hay que soltarse. Rendirse a ella. Esa corriente irrefrenable es la verdad para nosotros.

La voz del yo, *el personaje que uno ha creado,* es un producto de nuestra programación social. Ustedes conocen esa voz. Habla a través de nuestras conversaciones con otras personas y sus comunicaciones en silencio con uno mismo. Cuenta historias para enseñar y entretener a otras personas. Cuenta una historia continua a uno mismo. Narra los acontecimientos en curso de su vida.

Explica lo que siente el cuerpo y lo que ocurre fuera, en el mundo. Lo que ustedes saben da información a las conversaciones. Lo que ustedes saben inspira las reacciones emocionales y físicas. Por lo tanto, ese «yo» es la voz del conocimiento.

Cuando no sabíamos nada, teníamos que creer todo lo que decían los demás; y lo que decían sobre nosotros, (en concreto) se nos quedaba en la mente. La imagen que tenemos de nosotros mismos ha recibido la influencia de muchas personas en nuestra vida, sobre todo por parte de las personas que nos educaron. Tenemos una historia. Podemos denominarla proceso de pensamiento o recuerdo. O sistema de creencias. La historia tiene un personaje principal, y este personaje tiene una voz. Nos da vueltas en la cabeza como pensamientos aleatorios y conversaciones imaginadas. Se expresa en nuestras conversaciones habladas y en nuestras creencias arraigadas desde hace tiempo.

Nuestra mente contiene una biblioteca de conocimiento, basada en nuestra educación y experiencias personales. El conocimiento nos puede dar información y también inspiración. Nos puede sacar del miedo y la ignorancia. El conocimiento es una herramienta increíble para la comunicación humana; sin embargo, no es lo mismo que la verdad.

El conocimiento, pese a todo lo que nos regala, también es la razón principal de nuestro sufrimiento. La voz de nuestra cabeza no siempre es la voz de un amigo. Quizás no proporcione demasiado consuelo en situaciones difíciles; de hecho, a menudo puede parecer hostil. El personaje principal de la historia a veces puede parecer nuestro peor enemigo.

El personaje que creamos no es una entidad separada de nosotros. La voz que susurra en nuestra cabeza, es nuestra. ¿Todavía estamos de acuerdo con lo que dice y lo que cree? ¿Sigue representando a la persona que creemos ser?

Todos hablamos con nosotros mismos. Nos decimos lo que ocurre antes de decírselo a otra persona y nuestros cuerpos reciben el mensaje inmediatamente. Pero, ¿prestamos atención a lo que decimos? ¿Cuestionamos nuestra propia versión de los acontecimientos o intentamos evitar que el sistema nervioso sufra un dolor innecesario?

Nuestras emociones obedecen fielmente la narrativa de la mente. En la mayoría de los casos, nos enfadamos sin saber por qué. Debemos escuchar los mensajes silenciosos que nos damos a nosotros mismos y decidir si queremos comunicarnos de otra forma.

Debemos ser escépticos con nuestra propia voz. No podremos estar en paz mientras nuestra mente esté en guerra consigo misma. No encontraremos claridad cuando nos negamos información a nosotros mismos. Debemos ver esto, y dejar que entre la luz.

No podemos curarnos de un acontecimiento traumático si añadimos más trauma. Nuestra narrativa mental no debería causarnos más estrés. Acusarnos o culparnos a nosotros mismos solo empeora el daño emocional. Es importante ver lo que nos hacemos a nosotros mismos en momentos de duelo y trauma y hacer ajustes.

Debemos ver, sin tener que interpretar lo que vemos. Sentir, sin decirnos a nosotros mismos cómo sentir. Nuestra mente y nuestro cuerpo deben desarrollar una relación basada en la confianza. El problema es que a pocos de nosotros nos han enseñado cómo hacerlo.

Si escuchamos con atención, podemos oír nuestra propia mente en guerra. Nuestra atención está dividida entre muchas ideas contradictorias. Luchamos con los conceptos del bien y el mal. Discutimos con nosotros mismos y nos echamos la culpa. Nos regañamos. Y el cuerpo paga el precio.

Nuestra mente siempre se ha imaginado que es la dueña del cuerpo físico. Y, ahora, el cuerpo se resigna a ser un sirviente de nuestras historias. Como podemos imaginar, esta no es la fórmula para una buena relación de ningún tipo.

El respeto mutuo crea el equilibrio en cualquier relación. La comunicación sincera ayuda a curar heridas. Debemos escuchar el lenguaje de nuestros pensamientos, y aceptar modificar la forma en la que nos comunicamos con nosotros mismos y con los demás en nuestro sueño.

Una relación disfuncional entre nuestra mente y nuestro cuerpo puede hacer mucho daño. Y dicha relación afecta a la salud en general. También afecta a las personas cercanas. Probablemente podamos ver cómo puede crear una perturbación en toda nuestra realidad y en la realidad que todos compartimos como seres humanos.

La tormenta

Nuestra mente nos cuenta historias sobre nosotros mismos, pero nosotros no somos la mente. El héroe de nuestra historia es una idea, una imagen, pero no es lo que somos. Lo mismo ocurre con el cuerpo.

El cuerpo es un organismo biológico. Nos permite sentir, experimentar y soñar; pero no somos el cuerpo, vivimos en él. Nunca sabremos del todo lo que somos, lo que hace que seamos uno de los grandes misterios de la vida.

Nos damos cuenta de que nuestro cuerpo está destinado a morir, pero queremos pensar que el personaje principal, no. Nuestra mente imagina que sobrevivirá a la muerte del cuerpo y se llevará todo el conocimiento consigo, pero la mente no es inmortal, ni el personaje principal de esta historia.

Cuando nuestro cerebro muere, el maravilloso trabajo de nuestra mente acaba; pero la energía es eterna. La vida sigue y sigue. No tiene planes ni deseos personales. Tiene un potencial ilimitado y no tiene ninguna historia que contar.

Mientras vivimos como seres humanos, tenemos muchas historias que contar. Cada historia, cada pensamiento, activa una respuesta emocional, lo que significa que el drama potencial siempre está presente. Las emociones crean un frente tormentoso. El trueno retumba y los vientos cambian. El tiempo atmosférico puede cambiar en cualquier momento.

Los sentimientos se crean, se desbordan, se contienen y se vuelven a desbordar... a menudo causando estragos en nuestro mundo. La tormenta de nuestro interior se extiende hacia afuera y esto afecta a la mayoría de las relaciones íntimas. Afecta a nuestro trabajo y a nuestra habilidad para funcionar bien. Todos podemos ver que la humanidad está afectada por la misma tormenta. La tormenta solo se calma cuando cada uno de nosotros se responsabiliza de sus propios pensamientos y reacciones. Pensemos cómo cambiaría eso nuestra visión de la realidad. Y en qué significaría para la realidad colectiva de los seres humanos de este planeta.

La voz de nuestra cabeza es un recordatorio constante de lo que pensamos que sabemos. Es nuestra mente hablándose a sí misma. Esta simple toma de conciencia puede ayudarnos a hacer cambios importantes en nuestra comunicación con todo el mundo, sobre todo con nosotros mismos. Nos da poder sobre nuestra propia atención. Nos da las riendas de nuestros propios pensamientos.

Es natural sentir dolor emocional por una pérdida. Nuestro cuerpo registra el dolor emocional antes de que nuestra mente tenga la oportunidad de formarse una opinión al respecto. Sin los pensamientos o historias airados de arrepentimiento todavía sentiríamos el dolor. Sin el soporte emocional de otras personas, la conmoción de perder a alguien todavía nos haría daño.

Por esa razón, es importante que nuestra mente acepte su papel como cuidadora del cuerpo, en todo momento. Es vital que nos proteja en momentos de conmoción y duelo. Es importante que aprenda a ser la que ofrece consuelo, y no la voz de la fatalidad.

La paz de este planeta empieza con nuestro propio proceso de pensamiento. Empieza cuando mejoramos la relación entre mente y cuerpo. Si nosotros podemos hacerlo, también puede el resto de la humanidad. Depende de cada uno de nosotros calmar la tormenta que empieza en nuestra mente.

La culpa es de las estrellas

Nuestra forma de reaccionar a personas y acontecimientos depende de nosotros; pero, a menudo, queremos echar la culpa de cómo nos comportamos a otra persona. Decimos: «Me ha enfadado mucho». «Ella me llevó a hacerlo...» «No es culpa mía...

¡han empezado ellos!». La mayoría de nosotros culpamos a otras personas por las cosas que hacemos y decimos. Y también culpamos a cosas aleatorias.

Culpamos a las circunstancias, o a las estrellas. Decimos que la culpa de nuestro comportamiento temerario es una infancia infeliz o simplemente la mala suerte. Por desgracia, enseguida culpamos a nuestros cuerpos. Culpamos al hecho de que «solo somos humanos».

Cuando se nos acaban las personas a las que culpar, recurrimos a las cosas que no se ven. A la superstición. «El demonio me ha hecho hacerlo», suena a chiste, pero los demonios y los ángeles obtienen demasiado reconocimiento por lo que nosotros elegimos hacer y decir.

Los demonios nos ponen pensamientos malos en la cabeza. ¿De verdad? Los ángeles juegan con nosotros. Dios nos juzga y nos considera culpables. ¿Alguna de estas afirmaciones es cierta? Parece que queramos creer que alguien nos condena, en algún sitio, sin parar.

Si nuestros pensamientos nos parecen demoníacos, puede que se deba a que lo son. Si nuestra voz interior parece que quiera hacernos daño, puede que sea porque es así. Es nuestra voz. Son nuestros pensamientos. De nuevo, no les creamos, pero escuchémoslos y aprendamos. Hagámoslo porque nos queremos.

Escuchemos, aprendamos y cambiemos lo que hacemos. Nuestra mente agita emociones en nosotros todo el día. Lo hace de forma automática. Sin esfuerzo, solo conjurando imágenes que provocan sentimientos en el cuerpo. Juega con el dolor. Evoca la mayoría de los pensamientos y recuerdos dolorosos.

El dolor podría significar una angustia repentina o una vaga sensación de ansiedad. Podría ser tristeza, alegría o celos. Independientemente de nuestro estado de ánimo, las emociones son manipuladas. Somos acosados por una voz que nos habla y que ha hablado por nosotros prácticamente durante toda nuestra vida.

Nadie nos obliga a reaccionar a esa voz. Simplemente lo hacemos. Esto ilustra la relación que tenemos en general con nuestra mente. Estamos dispuestos a ser víctimas de nuestros pensamientos.

Usted, como todo el mundo, tolera abusos emocionales innecesarios y es el único que puede revertir esa situación.

Esto se puede hacer cambiando nuestra forma de pensar y reaccionar. Podemos elegir otra forma de comunicarnos con nosotros mismos a partir de ahora. Seamos el amigo y el salvador que necesitamos, aunque solo sea por amor al cuerpo que tan bien atiende nuestras necesidades.

Toda persona refleja el proceso creativo de la vida. Usted, al igual que la vida, crea sin parar. Puede que no se vean a sí mismos como artistas ni arquitectos, pero ustedes construyen realidades a partir de lo que sienten y perciben.

Ustedes construyen narrativas a partir de todas las experiencias físicas y muchas experiencias imaginadas. Lo que se piensa, se cree. Lo que cree una persona dirige sus acciones. Todos somos expertos en el arte de narración de historias, pero pocos dudamos alguna vez de nuestras propias historias.

Rara vez cuestionamos nuestras propias creencias, ni preguntamos si lo que pensamos es cierto. No consideramos lo que motiva nuestra toma de decisiones. Nos negamos a salir de la realidad que hemos creado.

Muchos de nosotros tenemos miedo de hacer cualquier pequeño cambio en nuestras rutinas. Pensamos que cambiar significa perder; y vemos cualquier pérdida como una desgracia. La muerte es una parte inevitable de la creación, sin embargo, la consideramos una injusticia.

Existen formas de aceptar los acontecimientos cambiantes de la vida humana sin herirnos a nosotros mismos en el proceso. Podemos permitir que las emociones vengan y vayan libremente; podemos evitar aferrarnos al dolor y el arrepentimiento. Y podemos dejar de alimentar la pena que procede de la pérdida.

Fijémonos en cómo utilizamos los recuerdos para mantener vivas viejas desilusiones. Reconozcámoslo y procuremos no buscar el dolor. Miremos las cosas, las personas y los acontecimientos que nos tientan a sentirnos culpables y avergonzados. Lo que una persona ve lo puede cambiar.

Los sueños terminan para que otros sueños puedan crecer. Habrá más sueños y mas misterios. Miremos adelante. Recordemos que nosotros también somos creadores y hagamos algo nuevo.

Reflejemos la vida lo mejor que sepamos. Eso podría significar aceptar la pérdida con elegancia. Podría significar decir sí a las situaciones cuando estas ocurran.

Y, por último, podría significar hacer las paces con la muerte.

Salvar a los vivos

Donde una vez no hubo nada, se produce una explosión y aparece la vida. Crece, florece y, gradualmente, se deteriora. Otra cosa en algún otro lugar nace. Todas las cosas prosperan y se reproducen. Todas las cosas se marchitan y mueren.

Todos podemos ver la belleza de la breve evolución de una flor, o en el lapso de vida de una mariposa. Sin embargo, nos cuesta ver la belleza de nuestra propia vida efímera. Pero todos, incluso la mayoría de los temerosos, hemos experimentado la muerte de muchas formas.

Crecer implica muchos cambios y la muerte de muchas realidades. Este momento presente ha reemplazado

a un momento pasado y los momentos futuros re-
emplazarán a este. Cada acontecimiento de la vida
causa una alteración para el cuerpo y la mente. Lo
sabemos; lo hemos vivido a través de muchas per-
turbaciones.

De niños, nos agitaba que alteraran las rutinas
familiares. Probablemente nos entristeció tener que
mudarnos a otro barrio o acabar unos estudios y
empezar en un colegio nuevo. Hacemos y perdemos
amigos. Hay expectativas preciosas que se hacen
añicos. Puede que las emociones nos hayan abruma-
do, definido y, después, hayan pasado al olvido.

A medida que maduramos, vemos sueños que se
acaban. Y sueños nuevos que se crean y prosperan.
Invertimos mucho en cierta visión de la realidad,
pero, al final, la inversión se debilita y muere. A medida que los sueños cambiaban, volvíamos a inver-
tir.

La gente viene y va en el transcurso de una vida.
Quizás a algunas nos las arrancaron de nuestro lado.
Incluso los vínculos más fuertes se desgastan con el
tiempo. Y nuestro cuerpo físico sintió la fuerza de
esos vínculos y el dolor de perderlos.

Nuestro cuerpo reacciona a nosotros, el reflejo. Lo que pensamos que es trágico se sentirá con intensidad. Formamos vínculos con todo lo que nos rodea: personajes secundarios, posesiones, lugares, ideas y relaciones. Todo acaba en cierto punto. Y si esos vínculos son fuertes, sufrimos cuando el vínculo se rompe.

Quizás incluso sufrimos antes de que se rompa; porque como cualquier persona, hemos aprendido a anticipar la pérdida, a temer la posibilidad de la pérdida, otro hábito que tiene que pagar nuestro cuerpo.

Mientras tanto, nuestro cuerpo comprende la muerte con sus propias condiciones. Experimenta innumerables muertes pequeñas, mientras las células se destruyen y se sustituyen. Ya ha experimentado enormes transformaciones físicas mientras crecía desde la infancia a la niñez y desde la infancia a nuestro estado presente de madurez. Todavía cambia y seguirá cambiando y reconfigurándose.

El cuerpo tiene dificultades para procesar nuestros mensajes fatídicos. Lo hemos sometido a historias que no tienen ninguna base real. Le hemos pedido que reaccione a suposiciones y especulaciones. Le hemos echado la culpa por pecados que nunca ha cometido y le hemos pedido que pague por nuestra culpa. Nuestra mente refleja la vida, ya sea de forma acertada o no. Nuestro cuerpo físico reacciona al entorno externo; pero tiene una reacción igualmente fuerte hacia nosotros, el reflejo.

Y al reflejo no le gusta la idea de la muerte. Después de la pérdida de alguien cercano, nuestra mente suele encontrar formas de avivar la herida. Sin embargo, en lugar de eso, nos puede salvar. Nuestra mente es crucial para el proceso de curación, pero hay que enseñarle cómo ser una amiga y una aliada.

Permitamos que nuestra mente sea una ayuda en nuestra recuperación. Permitamos que encuentre soluciones a problemas, que para eso fue diseñada. Permitamos que descarte viejas creencias por otras nuevas y, después, actualice opiniones nuevas cuando ya no parezcan útiles.

Desde el punto de vista de la energía, no hay finales. No existe la muerte. En cambio, desde la perspectiva de la materia, la muerte es demasiado real. Toda pérdida es trágica y algunas tragedias pueden parecer demasiado enormes para poderlas superar. Esto puede cambiar.

Los pequeños cambios pueden formar parte de nuestra rutina diaria. Podemos cambiar la forma de ver a las personas que queremos y reconsiderar la forma de acercarnos a los desconocidos. Ver lo que hay tras la mirada de otro ser humano. Ver la vida, incluso en la muerte.

Ustedes y yo somos copias de la vida, estamos hechos de átomos y energía invisible. Las interacciones entre energía y materia pueden parecernos extremas, pero lo que parece haber sido destruido, dicho de una forma más precisa, ha sido transformado.

Nuestra mente puede aprender a encontrar la alegría en el recuerdo de alguien que ha muerto. Nos puede recordar que hay que querer a los vivos. Puede dirigir la atención a la visión completa. Ese tipo de abnegación es el homenaje definitivo a nuestro cuerpo y la mejor forma de honrar a las personas que hemos perdido.

El peso de las mariposas

Somos espejos los unos para los otros, pero tendemos a reflejar nuestras propias creencias. Contamos historias que reflejan nuestras opiniones distorsionadas.

Hacemos suposiciones sobre la vida basadas en las suposiciones que hacemos sobre nosotros mismos.

Por ejemplo, partimos de la base de que la vida es tan envidiosa e implacable como lo somos nosotros. Cuando las cosas van mal, suponemos que la vida nos ha juzgado y nos ha considerado culpables. Puede que tengamos la opinión de que los desastres suceden porque somos pecadores o porque algún dios se ha enfadado con nosotros. Quizás un planeta está en retroceso o las estrellas están desalineadas. Puede que la vida nos odie, o que unos espíritus horrendos nos quieran castigar.

En vez de responsabilizarnos de nuestras acciones, preferimos hacernos las víctimas. Y en lugar de reconocer la verdad, contamos distintas versiones de las mismas historias. Atraemos a los que están de acuerdo con nosotros. Y, al reflejar las opiniones de los otros, creamos aún más distorsión.

Permitimos que nuestros propios pensamientos nos vuelvan locos. Nuestras teorías e ideas tienen el poder de destruirnos o animarnos. Si nos sometemos al peso de nuestros propios pensamientos, podemos sentirnos fácilmente aplastados y derrotados.

¿Ustedes no creen que los pensamientos pesen? No tienen un peso físico, pero sí que crean el efecto de una carga. Vamos a imaginar ese efecto. Pensemos un momento en la migración anual de las mariposas monarca.

Cada año, miles de millones de mariposas viajan miles de kilómetros para volver a su lugar de nacimiento. Esto sucede en todos los continentes del planeta. La mariposa monarca es impresionante. Es preciosa, y tiene la fortaleza de emprender el largo viaje de ida y vuelta a casa.

De todas formas, es una mariposa. Es pequeña, frágil y tan ligera como el aire. En general, son ingrávidas. Sin embargo, cuando se reúnen en números como esos, pueden doblar las ramas de árboles enormes hacia el suelo del bosque.

Un pensamiento es mucho menos sustancial que una mariposa, pero pesa mucho sobre nosotros de manera muy parecida. En términos físicos, los pensamientos ni siquiera existen. Un pensamiento puede ser demasiado efímero para que nos demos cuenta, pero el pensamiento obsesivo nos puede paralizar.

La agitación mental tiene el efecto de aplastarnos. Vamos cabizbajos, con los hombros caídos, con el ánimo ensombrecido. Igual que los poderosos árboles, nuestros cuerpos se inclinan visiblemente por el peso colectivo de nuestras historias.

Cuando somos vulnerables desde el punto de vista emocional, nuestros pensamientos amargos nos pueden envenenar. En una crisis, pueden paralizarnos. Pero no tenemos que dejar que lo hagan. En cualquier momento, los podemos hacer girar en otra dirección. O podemos negarnos a pensar.

El dejar de pensar conscientemente no es un juego de niños; requiere práctica. Con conciencia, podemos observar cada pensamiento efímero como veríamos una mariposa diminuta en un campo abierto. Todos la vemos, la valoramos y, después, dejamos que se vaya. Esto nos deja la mente clara y en paz de nuevo.

¿Alguna vez han intentado no tener peso ni forma mientras se mueven por los acontecimientos de su vida? ¿Pueden imaginarlo siquiera? Sin negar lo que es real, ustedes pueden liberarse del ruido mental y sumergirse en la experiencia de la vida.

Mientras la mayoría de nosotros coleccionamos mariposas, la vida sucede en todas partes. No tiene pensamientos ni opinión. La verdad se esconde dentro de cada situación y espera ser descubierta en cualquier conversación.

No es tan difícil liberarnos de opiniones persistentes y viejas historias. Una vez que reconocemos la fragilidad de nuestros pensamientos, no parecerán pesados ni intimidatorios. Descubriremos que podemos cambiarlos o descartarlos. Podemos gestionar los pensamientos y elegir las creencias.

Igual que los huesos del esqueleto de nuestro cuerpo físico, nuestras creencias sostienen el marco de quienes creemos ser. Configuran una copia virtual del cuerpo en nuestra realidad. Dentro de ella hay organismos virtuales, un hervidero de creencias, pensamientos y conversaciones que asumen una vida propia.

Hemos pasado años dejando que nuestros pensamientos nos perjudiquen. Nos pisotean el cerebro como niños rebeldes que dejan huellas de barro por todas partes. Crean caos y miedo en nuestro cuerpo, nuestro hogar. Y es algo que nos ocurre a todos.

Nuestros pensamientos nos conducen a la distracción o a la depresión. Los pensamientos parecen verdad porque nos susurran desde la primera vez que aprendimos a pensar. Hablan en voz alta, incluso cuando no decimos nada. Por eso, buscamos una distracción, o una forma de sedación y nuestras vidas sufren las consecuencias.

Los humanos estamos envueltos en materia, sí, pero también estamos enredados en nuestras historias. Cada pensamiento cuenta una historia. Cada creencia crea un estado de ánimo. Y si creemos que la muerte es aterradora, al final, se llevará la alegría de vivir.

Con un cambio consciente del pensamiento, ustedes pueden empezar a reflejar la vida de formas que le inspiren no solo a ustedes, sino al mundo que ustedes han trabajado tanto por crear.

Día 3:
El duelo

¿Qué es la vida? ¿Qué es la muerte?
¿Cómo podemos ver qué es y qué no
poseídos como estamos
por nuestros pequeños pensamientos?

¡Buenos días de nuevo! Vamos a asegurarnos de tener el cuerpo cómodo y la mente alerta mientras investigamos distintas perspectivas de un tema importante.

El debate de esta semana trata de cómo evitar un dolor innecesario tras una profunda experiencia de pérdida como la muerte de una persona a la que queremos. Pensamos que no podemos vivir sin esa persona.

Como recordarán, abordamos este tema en primer lugar, mirando la vida en su conjunto. Hablamos sobre energía y materia, y sobre el proceso creativo de la vida. La muerte es normal. La transformación de la materia es inevitable.

Nuestra existencia es efímera, sí; pero mientras existimos, podemos ser conscientes de nuestra propia naturaleza eterna e infinita. Podemos valorar la naturaleza de todos los seres vivos y de cómo refleja cada uno la vida de una forma distinta.

La mayoría de nosotros nos concentramos en una perspectiva mucho más pequeña. Centramos la atención en los acontecimientos que componen un día corriente. Nos preocupamos por pequeñas frustraciones y pérdidas. Invertimos fe en una idea ilimitada de nosotros mismos. Cerramos los ojos ante la visión completa.

Hoy, abordaremos de qué forma la mente puede reflejar mejor la vida, sobre todo en momentos de estrés. El sistema nervioso es un espejo de la vida. Todas las criaturas reflejan la vida de acuerdo con su configuración y su percepción.

Para los seres humanos, la vida queda reflejada como una historia. La energía se traslada al pensamiento. Interrumpimos el flujo de la trama con recuerdos constantes, pero nuestras historias tienden a moverse de forma lineal. Tienen pasado, presente y un montón de futuros imaginados. Y vienen con un reparto de actores.

La historia de todo el mundo está llena de personajes secundarios. Algunos tienen papeles más grandes que otros y algunos no son tan importantes. La figura más importante es la que cuenta la historia. Ese es el personaje principal, la persona que uno imagina que es.

Cada historia tiene sus héroes, villanos y fuerte moraleja. ¿Y la de ustedes? ¿Ven la vida como una historia que enseña una lección o como una saga que les inspira? Mirándola desde cierta perspectiva, puede que la vean como una comedia. Desde otra, puede parecer una tragedia.

Quizás la vida tenga una sensación épica, llena de personajes llamativos y circunstancias extraordinarias. Quizás los años de la vida han pasado discretamente. Quizás ustedes hayan pasado gran parte de ese tiempo solos. Puede que vean su propio personaje como víctima, o quizás como héroe para muchas personas.

Puede que sus vidas sean una obra de teatro interpretada por una sola persona. Independientemente de cómo la vean ustedes, su vida ha proporcionado una cantidad concreta de historia humana. Ustedes han sido una leyenda en su tiempo.

Nos contamos nuestra historia cuando pensamos, cuando hablamos en voz alta. Describimos al protagonista de distintas formas a personas diferentes. Ahora puede ser un buen momento para mirar con más atención a ese personaje y tomar decisiones conscientes sobre cómo nos permitirá avanzar.

Ahora es el momento perfecto para darnos cuenta de cómo respondemos a los acontecimientos de la vida. ¿Nuestras reacciones son algo que hemos practicado o reflejan la realidad de este momento? ¿Seguimos las pistas que nos da la sociedad o sentimos que es verdad y nos comportamos de manera auténtica?

Puede ser que continuemos tomando decisiones basadas en nuestro temor a perder cosas. Quizás todavía reaccionemos de forma dramática a todo. Puede que contemplar la muerte nos resulte demasiado horroroso. Quizás la vida nos parezca demasiado caprichosa.

Los lugares sombríos necesitan luz. Nuestros temores deben ser reconocidos. Y nuestras supersticiones, confrontadas. Ha llegado el momento de mirar, escuchar y nutrir una relación mejor con la vida… y la muerte.

Pagar demasiado

Me gusta contar esta historia sobre una extraterrestre que viaja a la Tierra. La chica tenía muchas ganas de ver este planeta y comprender el sueño de la humanidad, pero primero tenía que aprender algunas reglas.

La primera: «Nunca pagar más de diez céntimos por nada» durante su estancia. La segunda: «Nunca pagar más de tres veces».

No pagar más de diez céntimos. No pagar más de tres veces.

Le dijeron que, de no seguir aquellas reglas, se quedaría atrapada en la Tierra. Permanecería allí, perdida, y no podría volver a su planeta. Así que la chica prometió volver y emprendió el viaje.

Llegó a la Tierra con el aspecto de un ser humano. Enseguida se encontró en medio de un mercado enorme. Por todas partes, había mercaderes vendiendo sus productos, gritando y haciendo gestos a los clientes que pasaban por delante de los puestos. Había personas de toda clase regateando para conseguir el menor precio de ropa, comida y baratijas de todo tipo. La chica extraterrestre disfrutó del espectáculo. Nunca había presenciado un caos así. Todo el mundo gritaba y nadie parecía escuchar. Todo el mundo competía para que lo oyeran y lo vieran. En aquel mercado, el primer premio parecía ser la atención.

Mientras paseaba por los puestos, llamó la atención de un joven, que se le presentó y la cogió de la mano. La invitó a comer unos pasteles y dulces. Ella disfrutó de su compañía y se quedó junto a él el resto del día. Los dos se rieron y jugaron a juegos durante horas.

La chica experimentó muchas cosas que nunca se habría podido imaginar y encontró placer en todas. El joven le pareció sobre todo divertido, así que, al final de aquel día en el mercado, ella incluso pensó que se estaba enamorando.

Al caer la noche, los dos amigos bailaban junto a un precioso lago y se besaron a la luz de la luna. También había otras personas que bailaban. Había muchas otras chicas riéndose y coqueteando y, al poco tiempo, el joven besó a otra.

Para su gran sorpresa, la joven extraterrestre sintió una oleada de rabia y celos. A medida que pasaba la noche, aquellos sentimientos se hicieron tan fuertes que apenas podía respirar, le era difícil pensar. Confundida y dolida, se alejó corriendo del lago.

Al poco rato, estaba sola en un lugar desconocido en el momento más oscuro de la noche. Ya no había mercado, ni espectáculo de colores, ni muchedumbre ruidosa, en la que todo el mundo hablaba y nadie escuchaba. Ya no había luz de la luna, ni baile, ni el dulce consuelo de un beso.

El miedo se apoderó de la chica. Corrió sin parar, adentrándose en un paisaje peligroso. Apenas veía a dónde se dirigía. Presa del pánico, se lastimó los brazos y las piernas con las ramas de los árboles y se hizo cortes en los pies con las piedras del suelo. Al amanecer, estaba perdida y herida.

Por su breve aventura en este planeta, estaba pagando un precio emocional alto. Estaba enfurecida.

Aterrorizada. Avergonzada. Para colmo, tenía hambre y frío.

Ya por la mañana, llegó cojeando a un pequeño pueblo en el que una amable mujer le dio comida y agua fresca de manantial. Mientras comía, la chica escuchó a la mujer, que le contó sus propios problemas.

Por lo visto, la mujer estaba sola, sin marido, y pronto no tendría casa. Recientemente, su único hijo había muerto por unas fiebres y estaba llena de tristeza. Había perdido todo lo que era preciado para ella.

La chica sintió el duelo de la mujer. Como si la historia hubiera sido la suya, sintió el dolor de perder a un hijo. Al poco tiempo, empezó a llorar, lo que hizo que la mujer también llorara. Juntas, recordaron sus pérdidas y cayeron en la desesperación.

La pobre mujer pagaría por sus pesares probablemente el resto de su vida. Durante los buenos y los malos tiempos, reviviría su dolor. Se culparía a sí misma por sus desgracias y su corazón se volvería a romper. La chica se dio cuenta de que era lo que hacían todos los seres humanos.

Los seres humanos pagan mil veces por un error. Se castigan a sí mismos una y otra vez. Se pasan toda la vida lamentándose por una (única) oportunidad perdida. Sienten arrepentimiento, independientemente de si la culpa es suya o no.

Y la chica también se estaba castigando a sí misma. Se había llevado una decepción y había enloquecido de celos (humanos). Durante mucho tiempo después, recordaría su primera noche en el planeta y volvería a sentir rencor. Aquella desilusión se convertiría en un tema central de la historia de su vida.

Recordaría sentirse traicionada. Reviviría el horror de tropezarse sola a través de la noche oscura. Sentiría dolor por su amiga y por todas las mujeres que habían perdido un hijo. Sentiría pena por todos los seres humanos, y ansiaría desesperadamente volver a estar entre los suyos.

Más que nada, se juzgaría a sí misma por romper las dos reglas tan sencillas.

Así es. Había pagado más de «diez céntimos». Y lo había pagado más de tres veces. Había pagado un precio alto por cada decepción, por cada pérdida. Volvía a pagar cada vez que contaba su historia.

Y, por lo visto, seguiría pagando. Porque la chica extraterrestre se quedaría el resto de la vida en el planeta Tierra, recordando y lamentándose, como cualquier otra persona perdida en el sueño humano.

Como lamentamos la pérdida

El duelo o pena es nuestra respuesta emocional a la pérdida. Es nuestra forma de procesar acontecimientos dolorosos; es también una manera de sanar. El duelo exige que descansemos y revaluemos.

El duelo también nos puede salvar de nuestra negación. Si se lo permitimos, el duelo nos ayuda a ver, sentir y medir nuestra fortaleza emocional. Tras experimentar las profundidades de nuestro dolor, podemos dar la bienvenida a cualquier cambio posible y seguir adelante.

Podemos seguir adelante, a menos que optemos por no hacerlo. El duelo también puede ser una condena a vivir apresados por la pena; todo depende de cómo dirijamos la atención. Es una decisión que tomamos. También puede ser nuestra salvación.

Sin darnos cuenta, nuestra atención cederá a líneas argumentales viejas. Los pensamientos reflexivos conducirán al dolor emocional. Puede que nos juzguemos a nosotros mismos y estos juicios conducirán a más dolor... y el ciclo continuará.

Todos nos permitimos descender a la oscuridad. Echamos de menos a alguien y entonces visitamos un sitio que nos resulta familiar con demasiada frecuencia o escuchamos nuestra canción preferida hasta romper en llanto. Es fácil dejar que los recuerdos nos mortifiquen o dejar que el dolor nos defina. Podemos tropezarnos, incluso caer, pero tenemos que levantarnos y volver a movernos, cuanto antes.

Hacemos lo mejor que podemos en todas las situaciones, y lo mejor puede significar cualquier cosa, desde autoabuso hasta una inspiración divina. Somos criaturas de la Tierra, pero, en muchos sentidos, somos sobrenaturales. Somos mortales e inmortales, ambos. Si creemos que solo somos producto de nuestro pensamiento, el pensamiento seguirá siendo nuestro tirano.

Si nos consideramos una víctima, nos centramos solo en nuestras decepciones y esperanzas frustradas viviendo como víctimas. Al sentirnos indefensos, querremos arremeter contra alguien. Y ese ataque puede que nos haga sentir culpables. Y la culpa nos volverá a hacer sentir que somos víctimas.

Victimización, sufrimiento, y mas victimización... el círculo puede tardar años en detenerse, pero podemos empezar a sacudirlo ahora. Podemos dejar de pagar demasiado, demasiadas veces. Podemos tomar decisiones deliberadas y constructivas, aunque solo sea por las personas que cuentan con qué hagamos lo mejor posible.

La persona a la que más querías, sin la cual pensabas que no podrías vivir, se ha ido. Y aquí estás, teniendo que vivir sin ella. Tienes que empezar otro día, y, luego, otro, como una clase de persona distinta.

Sea cual sea la pérdida o el trauma, todos tenemos que empezar de nuevo en algún momento. Tenemos que volvernos a imaginar a nosotros mismos y redefinir nuestra realidad. Esto puede parecer difícil, pero lo hemos estado haciendo toda la vida. Ustedes lo han hecho. Perdieron lo que hacía que la vida valiera la pena y siguieron viviendo. ¿O no se acuerdan?

Primero, perdimos la seguridad y la calidez del útero con el nacimiento físico y la intrusión de la luz y el aire, nos convertimos en otra clase de ser. Fue una conmoción, pero nos adaptamos a la vida como un humano nuevo.

Más tarde, perdimos el estado sublime e incorruptible de la infancia. Crecimos más allá del conocimiento sin palabras y empezamos a aprender cosas. Empezamos a imitar los sonidos y comportamientos de todos los que nos rodeaban.

Las palabras se hicieron con el control, y después los juicios seguidos por una multitud de consecuencias por nuestras acciones. Al tener cada vez más habilidades lingüísticas, regateamos. Exigimos. Actuamos. Aprendimos el juego.

Probablemente no nos demos cuenta del cambio radical que han experimentado las cosas desde que vinimos al mundo. En el pasado, nos querían simplemente por ser. Y, después, al crecer, el amor podría parecer difícil de encontrar e incluso más difícil aún de conservar.

Perseveramos. Ganamos amor, lo perdimos y maduramos. Tuvimos malos y buenos tiempos. Cedimos a los cambios rápido. Experimentamos emociones y tormentos, sabiendo que todos formaban parte de la vida.

En la adolescencia, las reglas cambiaron de nuevo. Las certezas se volvieron menos seguras. Pensamos que las cosas seguirían igual, pero no fue así. Pensábamos que conocíamos nuestro cuerpo, pero se convirtió en un desconocido para nosotros. Empezamos a experimentar los miedos y las humillaciones de ser casi adultos. Nada parecía tan fácil como antes.

En nuestra mente, quizás aún nos imaginamos como el niño o el adolescente enfadado y molesto por la pérdida de los días sin preocupaciones y las noches sin soñar. Puede que seamos padre o madre y que anhelemos tiempos menos complicados.

Intuitivamente, sabemos lo que hemos perdido con los años, sin embargo, nos despertamos cada mañana para enfrentarnos a nuevos retos. Superamos el miedo. Sobrevivimos a pérdidas de todo tipo. Nos transformamos una y otra vez.

Todos hemos pasado por las mismas experiencias. Hemos perdido cosas; pero, incluso al perder, hemos tenido éxito. Nos hemos tropezado; pero incluso al hacerlo, nos hemos acercado más a la sabiduría. Hemos reflejado el poder de la vida de recrear y recuperarse. Hemos sido artistas, siempre preparados para una nueva perspectiva.

Es normal llorar una pérdida; pero llega un punto en el que el duelo se convierte en siervo de nuestras historias. Historias que suelen ser sobre injusticia u oportunidades perdidas, sobre fallos y nuestras carencias o las de otras personas.

Puede que pensemos que tuvimos un papel en la muerte de un ser querido. Puede que nos sintamos culpables por no hacer las paces con la persona a la que hemos perdido. «¿Qué hago ahora?», preguntamos con angustia. «¿Cómo puedo seguir adelante?». Nos preocupamos por cosas que no entendemos. «¿Qué ocurre después de la muerte? ¿Dónde está mi hijo ahora? ¿Estaremos juntos cuando yo muera?».

Nos torturamos a nosotros mismos preguntándonos sobre la vida después de la muerte. Nos imaginamos que los muertos nos juzgan. Las historias que contamos sobre la muerte nos dan más miedo del que deberíamos tener a la muerte en sí. Estas preocupaciones prolongan nuestro duelo y hacen que un acontecimiento natural sea anormalmente doloroso.

El temor no puede cambiar lo que ha pasado. Tener miedo no honra a los muertos. El sufrimiento no es una prueba de lealtad. El duelo no es una excusa para hacer daño a los vivos.

Puede que afirmemos que no queremos destruirnos (a nosotros mismos) físicamente, sin embargo, parecemos dispuestos a morir, poco a poco, paso a paso, por nuestros pensamientos desenfrenados. En el duelo, el impulso para hacernos daño puede parecer abrumador.

La destrucción a veces puede parecer la única línea de actuación. Pero herirnos va contra el verdadero amor de nuestra vida: el cuerpo físico. Va contra los deseos de las personas que hemos querido y hemos perdido. Y, sobre todo, va contra la voluntad de la vida.

Cuando nos vemos como alguien que ha perdido a un hijo, un padre o una madre, la muerte nos conmociona y nos hiere. Somos víctimas. En cambio, si ampliamos nuestro punto de vista, puede que lo veamos todo distinto. Nosotros somos mucho más que los papeles que hemos interpretado durante nuestra vida. Somos la energía que hace que esta vida humana sea posible.

La muerte es materia; la muerte es carne y huesos. Ustedes pueden ver que son la fuerza que crea esa carne y esos huesos. Ustedes son la vida misma; y la vida recuperará este cuerpo algún día, igual que ha hecho con el de alguien que ustedes querían.

Despertares

La humanidad ha evolucionado. El estado de la humanidad, incluso con sus problemas actuales, no es como hace cinco décadas, y menos aún como hace cinco siglos.

Los humanos también evolucionamos como individuos. Llegamos indefensos y desorientados, sin embargo, enseguida aprendemos a caminar derechos y a comunicarnos con el mundo. Aprendemos a mantener a nuestras familias. Aprendemos a sacar partido de nuestros éxitos, y de nuestros fracasos.

Perdemos y acumulamos cosas. La mayoría de nuestras pérdidas son pequeñas. Perdemos llaves de coches y gafas de leer. A veces, una cartera o un pasaporte. También sabemos cómo es perder una casa adorada o un buen trabajo; pero nuestras pérdidas pueden ser aún mayores.

A veces, perdemos a un amigo por una palabra descuidada. Perdemos a amantes y sueños a los que nos aferrábamos con fuerza. Perdemos oportunidades de ser felices. Perdemos un sentido de nuestra propia valía. Perdemos momentos, recuerdos y pasiones que un día nos definieron.

Como he dicho, ustedes y yo conocemos la pérdida. Hemos conocido la quietud de la muerte y las sensaciones sorprendentes del renacimiento. Hemos perdido, pero también hemos ganado. Hemos llorado y hemos lamentado pérdidas, pero también hemos aprendido a reírnos de la adversidad. Nos hemos modificado tantas veces que apenas nos fijamos en los cambios.

Perder a un ser querido es sentir que nos clavan mil cuchillos en el corazón. Y seguiremos sintiéndonos así hasta que hagamos las paces con la verdad.

Ustedes son vida. El cambio es la esencia de la vida, la energía y la materia. La pérdida es normal. Lamentar una pérdida es normal. Recuperarse y celebrar la vida de nuevo también es normal.

Los seres humanos han evolucionado hasta un nivel impresionante; tanto que quizá pensemos que somos mejores que todas las demás formas de vida del planeta. Sin embargo, en formas básicas, la vida de un humano no es distinta a la de cualquier criatura terrenal.

Todos comemos, dormimos y creamos copias vivas de nosotros mismos. Después de comer, buscamos alimento para una comida posterior. Luego, descansamos. El sueño proporciona calidad y vitalidad a las horas en las que estamos despiertos para que podamos seguir buscando comida y compitiendo para aparearnos.

Sin nuestro apetito biológico no podemos continuar como especie. Ocurre lo mismo con cualquier animal, pez o flor. Algunas criaturas duermen durante meses, incluso años, para poder sobrevivir inviernos duros o largas sequías. Algunas cambian de género. Otras, de cuerpo.

Sobrevivir es el objetivo, el fin de la partida. Cada especie contribuye de alguna forma al bienestar general de los demás. Juntos, contribuimos a la salud general del planeta.

Los seres humanos somos complejos, sí. Pensamos e imaginamos, pero, ¿aprovechamos al máximo esos talentos? Por lo visto, no imaginamos cómo salir de nuestras propias historias. Nos negamos a cuestionar nuestras creencias y opiniones arraigadas. No parece que dejemos las viejas costumbres.

¿Cuántas veces acabamos disculpándonos por cosas que hemos dicho? ¿Con qué frecuencia lamentamos algo que hemos hecho, no una vez, sino en repetidas ocasiones? Y, de todas formas, probablemente lo volveremos a hacer por costumbre.

Podemos acabar una costumbre si queremos. Podemos cambiar un punto de vista. Podemos ver la vida como es y no como queremos que sea. «¿Qué está sucediendo en realidad ahora mismo?», nos podemos preguntar a nosotros mismos, y estar preparados para responder la pregunta con sinceridad. «¿Qué me digo a mí mismo?» y «¿Algo de esto es cierto?».

Les invito a romper algunas reglas en relación con la muerte y la pérdida. Les pido que honren a las personas que han perdido de una forma que encuentren reconfortante, pero tengan cuidado con las creencias que provoquen más dolor. No participen en rituales que les causen dolor. No sigan tradiciones que les provoquen temor. Cuestiónenlos, o evítenlos.

Ustedes han caminado, hablado y dormido la mayor parte de la vida. El trauma de perder a alguien ha perturbado ese sueño, pero también les ha dado una oportunidad de despertar del todo. Les ha dado la posibilidad de ver y deshacerse de la ilusión.

Ahora, tienen la oportunidad de confiar en la vida, sea lo que sea que traiga.

La búsqueda de la gracia

Todas las criaturas buscan comida. Todos tenemos que comer para sobrevivir. Cada especie la busca a su manera y según el tipo de alimento que necesite.

La mente no se considera una especie, sin embargo, también tiene apetito. Tiene sed de emociones y buscará una respuesta emocional en uno mismo y en otras personas. Se podría afirmar que las emociones hacen que la mente se sienta real.

Llevando esta idea un poco más lejos, consideremos de qué forma nuestras creencias pueden inspirar cierta clase de apetito emocional en ustedes. Si creen que la ira es su mejor defensa en la vida, encontrarán razones para enfadarse sobre la mayoría de las cosas. Serán sensibles a cualquier pequeña ofensa, y reaccionarán con furia.

Si ustedes creen que sus mejores esfuerzos siempre acabarán en decepción, encontrarán formas de ser aplastados por expectativas frustradas. Verán que el fallo es algo inevitable. Puede que incluso lo busquen, y desarrollen un apetito por dicho fallo.

Fíjense en lo que piensan y en la respuesta emocional que parece provocar. El cuerpo se ha acostumbrado tanto a sus pensamientos que anticipa las señales habituales. Está listo para responder con indignación, vergüenza o culpabilidad.

Y, si ustedes creen que son culpables, la culpabilidad se convierte en su comida preferida. Se le ocurren formas que hacen que la culpabilidad parezca justificable. «Ella me hace sentir tan culpable» no es la verdad, sino una excusa para comer lo que ustedes ansían.

Nadie «nos hace sentir» nada. Sentimos algo porque pensamos que debemos o tenemos que hacerlo y porque hemos creado un apetito para eso. Tenemos sed de autocompasión o indignación. Si el sabor a vergüenza nos resulta familiar y cómodo, lo intentaremos cazar.

Todos somos cazadores, incluso los que no parece que tengamos instinto para la caza. Desde el momento en el que nacemos, buscamos comida. La comida que el cuerpo necesita es muy distinta a la que exige nuestra mente.

Nuestro cuerpo responde químicamente a todo lo que percibe, y el resultado es una emoción. Las emociones son reales y siempre están disponibles, pero no deberíamos utilizarlas para hacernos daño.

Las emociones son reales, sí. Pero las historias que desencadenan nuestras respuestas emocionales, no. A menudo afirmamos que no hemos podido evitar reaccionar de cierto modo a las cosas, pero no es así. Tenemos elección. Tenemos la capacidad de gestionar nuestras reacciones.

¿Somos adictos a nuestro miedo, sobre todo al de ser juzgados? Debemos fijarnos en cómo cazamos y por qué. Debemos responsabilizarnos de nuestras respuestas emocionales. Ver cómo utilizamos una pérdida trágica para justificar un dolor autoinfligido y cómo conduce a otros abusos.

¿Cuánto anhelamos la energía emocional de otras personas? ¿Compartimos su dolor? ¿Nos sentimos identificados con su drama personal? Debemos fijarnos en cómo reaccionamos a la desgracia de los demás. Puede que sea agradable quedar atrapado en la pena de otra persona. Podemos reconocer este hecho y optar por cazar una comida distinta.

La verdad nos da vida a todos. Cuando cazamos autenticidad, nos da energía. Somos más felices, más ligeros. Cuando nuestro apetito cambia a lo real y lo verdadero, todo nuestro ser nota la diferencia.

Cuando practiquemos ser sinceros con nosotros mismos, las mentiras empezarán a dejar mal sabor de boca. Cualquier clase de drama parecerá una tontería. Los anhelos emocionales se reducirán.

Al apartar las viejas costumbres, veremos que la autoaceptación es la nueva costumbre. Confiar en la vida es normal. La risa es fácil. El amor es natural.

Y, por último, estamos dispuestos a ofrecernos (a nosotros mismos) un poco de gracia.

Día 4:
La gracia

El camino del duelo

¿Cómo puede un corazón lleno de miedo
ser un refugio para los que están aquí
y están vivos...
para quienes sobrevivieron?

¡Saludos! Me alegra tenerles aquí, despiertos y conscientes. Hoy, dirijamos nuestra atención a cómo nos cuidamos en momentos de duelo y angustia.

La vida mantiene un equilibrio y ustedes también deben hacerlo. Depende de nosotros mantener las cosas en equilibrio, independientemente de lo que pase en el mundo que nos rodea. Ustedes son el centro de su mundo, un mundo que depende de ustedes para su bienestar y su supervivencia.

Nuestro planeta ha sobrevivido a varios acontecimientos catastróficos. Y nuestros cuerpos también. Al igual que muchas de nuestras creencias. Los viejos sueños se modifican y algunos se extinguen y son reemplazados por otros nuevos. Mientras tanto, nuestro cuerpo, y el cuerpo de la Tierra, siguen girando.

El respeto por uno mismo hace que las situaciones difíciles lo sean menos. Es más fácil sobrevivir a una crisis cuando uno se quiere a sí mismo. Y cuanto más consciente se es, más fuerte será ese amor.

Ser consciente significa ver la vida tal y como es. Quiere decir ver a los demás tal y como son, sin juzgarlos. Significa vernos a nosotros mismos con claridad. Aunque la mayoría de nosotros afirmemos ver las cosas con claridad, hacemos suposiciones sobre casi todo.

Los acontecimientos del pasado puede que no sucedieran como nosotros recordamos, pero juramos recordar todos los detalles. Los acontecimientos futuros no se pueden predecir, pero lo intentamos de todas formas. Suponemos. Especulamos. Esperamos. Rara vez cuestionamos lo que creemos conocer.

Perder a alguien tiene un efecto devastador en el cuerpo y la psique. Para evitar un dolor innecesario, debemos ser sinceros con nosotros mismos. Tenemos que relativizar las opiniones de los demás. Debemos ver con más claridad.

Debemos evitar la tentación de culpar a alguien o de ponernos histéricos. Para muchas personas, no basta con llorar la pérdida de alguien, sino que todos los aspectos de su vida deben estar tocados por la tristeza. Los placeres normales se echan a perder por la culpabilidad y la pena. Las actividades cotidianas como trabajar, jugar o cuidar a los niños pasan a ser menos agradables.

Hay personas que prefieren mantener el dolor vivo durante años. Para algunas, la tristeza es un acto de amor. El remordimiento les parece un deber. El sufrimiento se convierte en una tradición aceptada. Puede que sepamos que no es así, pero creemos que debemos sufrir en nombre de los que hemos perdido.

Sin embargo, para ellos no hay sufrimiento. Para los muertos, no hay preocupaciones, ni luchas, ni miedo. Todas las preocupaciones del mundo se han acabado. Por lo tanto, para ser sinceros, lloramos una pérdida porque sentimos lástima de nosotros mismos.

«Oh, debería haber hecho las cosas de otra forma», decimos. «Si hubiera hecho más de esto… o menos de aquello». Nos compadecemos de nosotros mismos y esperamos ser compadecidos. No vemos que todo ese sufrimiento puede afectar a la felicidad de quienes nos rodean.

Solo ustedes saben si esto es lo que ocurre en su caso. Puede ser que, en su duelo, ustedes no se fijen en el dolor que se infligen a ustedes mismos. En su deseo de ser leales a los muertos, puede que olviden que su familia necesita equilibrio y felicidad. Y ustedes, también.

Es difícil imaginar que nuestros seres queridos quieran que nosotros suframos. Nuestro tributo a los que se han ido es aprovechar al máximo el tiempo que nos queda. Su legado duradero es cómo atesoramos los recuerdos de esas personas.

Un ser querido ha muerto. Lo que más temíamos ha sucedido. Pero el miedo no debería tener tanto poder sobre nosotros. Ustedes pueden disfrutar de pequeñas actividades y de las personas que todavía buscan amor en ustedes.

Ustedes pueden confiar en la vida y sentir su gracia en todo lo que hacen.

Las muchas muertes

La gracia es una bendición, un don que no se tiene que ganar. La vida da gracia. Reflejando bien la vida, ustedes también pueden ser generosos con el amor, incluso frente a la tragedia. Incluso en medio de una crisis, ustedes pueden ser un refugio seguro para otras personas.

Cada trauma presenta una elección: tomar medidas productivas o acciones que conduzcan a nuestra propia derrota. La elección depende de cuánto amor damos. Amándonos a nosotros mismos, podremos amar a los demás mucho mejor.

La persona que hemos perdido también nos quería. Debemos respetarnos a nosotros mismos durante los momentos de estrés, dar a nuestro corazón el cuidado que necesita, incluso en medio del dolor. Tenemos que cuidar de nuestra mente, escuchar nuestras historias y estar dispuestos a cambiar.

Hay que escuchar, sin juzgar. Fíjense en dónde les llevan sus pensamientos y cámbienles el rumbo cuando sea necesario. La forma de pensar y lo que se cree puede ser crucial para su recuperación.

El cerebro está diseñado para esperar que haya otro momento después de este. Anticipa el futuro cercano, lo que significa que supone que habrá un futuro cercano. No está construido para anticipar su propia muerte. Mira hasta la mañana siguiente o la próxima oportunidad.

Por ese motivo, nos resulta imposible imaginar la totalidad de la muerte. Y, aunque sepamos que nuestro tiempo es limitado, todavía parecemos sorprendidos cuando la muerte nos toca de cerca. La muerte es algo remoto y algo imposible de imaginar cuando estamos llenos de energía vital. ¿De qué otro modo podríamos haber pasado por la infancia con ese abandono?

De pequeños, nos creíamos invencibles. La muerte era algo de los viejos y los enfermos. Cuando éramos niños, tratábamos a nuestros cuerpos sin la debida atención. Parecía que nos encantaban las cosas peligrosas. Contra toda lógica, suponíamos que seríamos los primeros que viviríamos para siempre. La juventud no huele el aroma de la muerte, aunque su olor esté en el aire por todas partes. La muerte es todo lo que vemos y tocamos. Es cualquier cosa que respira y se mueve. Ustedes, también, están hechos de un cuerpo material que es animado por esa fuerza misteriosa que es la energía de la vida.

Algunas tradiciones usan frases como «polvo eres y en polvo te convertirás» para describir el transcurso de una vida. Pero la vida vuelve a la vida para siempre. El polvo es todo lo que utilizó la vida para crear. Nacemos, damos patadas con pasión y, después, desaparecemos en la niebla cuando volvemos a casa.

Ese es el destino de todos los seres vivos. La eternidad es el hogar y, en el camino de vuelta a casa, perdemos algunas cosas. Perdemos a personas. Algunos de nosotros, en algún punto, puede que tengamos que ver morir a nuestros seres queridos.

Nadie puede anticiparse a las secuelas de una pérdida trágica. No se puede imaginar la fuerza que puede tener frente a la tragedia, ni puede predecir sus debilidades. No sabe cómo se enfrentará al huracán hasta tenerlo encima.

Perdemos a alguien. Un sueño ha muerto, pero seguimos aquí. Todavía somos conscientes y reaccionamos ante la vida. Podemos hundirnos bajo el peso del duelo o convertir el poder del duelo en una fuerza creativa. Hay que recordar que podemos elegir.

Permiso para reír

La muerte es algo que no debe ser nombrado para muchas personas. Creen que da mala suerte hablar de ella. En general, la gente no quiere hablar de su propia e inevitable muerte y solo hablará a regañadientes de la de otra persona.

Es difícil abordar la tragedia cuando nos ocurre a nosotros. Cuando sucede a alguien que tenemos cerca, no nos salen las palabras. «¿Qué debo decir? ¿Cuándo lo digo?». A menudo, no decimos nada, y dejamos que el tiempo haga el trabajo de suavizar nuestra incomodidad.

Y, aunque no sea nuestra intención, juzgamos la desgracia de la gente. «Quizás él no sea tan invencible como yo pensaba», puede que pensemos en privado. «Quizás ella no sea tan sabia o tan capaz como pretendía ser». Vemos un defecto o una debilidad y enseguida emitimos juicios.

Los padres de niños que han muerto sienten que están marcados de por vida. Los hermanos que sobreviven a veces sienten la carga de tener que estar a la altura de la leyenda de un hermano o hermana muertos. ¿Cómo podemos llorar una pérdida alguno de nosotros en privado cuando estamos sometidos a ese escrutinio?

La sociedad hace que el duelo sea algo especialmente complicado. Sea cual sea el acontecimiento, se espera que nos comportemos según la costumbre. Distintas situaciones sociales exigen que pongamos diferentes caras. Se espera que lloremos la muerte de alguien de tal forma y que celebremos algo de tal otra. Si lo hacemos a nuestra manera, nos pueden juzgar con crueldad.

Los niños pequeños suelen preguntar por qué tienen que cambiarse de ropa para distintas ocasiones. ¿Por qué llevar pijamas de noche, pero un vestido limpio a la escuela? ¿Por qué no llevar los pantalones de karate a una boda o un traje de buceo para dormir? No hay una respuesta correcta, salvo que cambiarse de ropa es lo que hace la gente.

Todos nos vestimos de forma adecuada para las ocasiones importantes, pero también queremos fijar un tono emocional apropiado. Una boda y un funeral exigen actitudes distintas, pese a que ambas honren la vida. Un servicio religioso no es un paseo por el bosque, aunque ambos se puedan considerar una forma de adoración.

Cambiar de estados de ánimo, igual que cambiar de cara, forma parte del aprendizaje de ser humanos según los seres humanos que nos educaron. Como gran parte de lo que hacemos, sus reglas nos han ayudado a avanzar durante la infancia. Pero, de nuevo, hemos crecido. Ahora, es responsabilidad nuestra cuidar de nosotros mismos.

Ahora, nuestro deseo es ser auténticos. Nuestro trabajo es ser conscientes. Ya no necesitamos seguir las expectativas públicas. No deberíamos preocuparnos tanto de lo que piensen los demás ni de gustar a nuestros iguales, nuestra familia ni nuestros dioses.

Queremos ser suficientemente buenos, amables y virtuosos para estar a la altura de los estándares de la sociedad y nos culpamos a nosotros mismos cuando nos quedamos cortos. Sin embargo, tenemos la opción de sentir lo que sentimos.

La muerte no discrimina. Los acontecimientos, buenos y malos, pasan a todo el mundo. Todo el mundo sufre una pérdida en algún momento. Todo el mundo siente dolor y pena y todos nos enfrentaremos a la muerte algún día. El duelo es para curarnos, no para añadir mas tristeza.

Las realidades cambian para todos. Nosotros también nos transformamos, pese a que intentemos no hacerlo por todos los medios. Las cosas varían, nuestras perspectivas, también; sin embargo, la verdad, no. El amor, tampoco. El amor es una constante. Y, como la vida misma, el amor no impone condiciones.

Es un acto de amor reconocer la fortaleza y la resiliencia de alguien en tiempos difíciles. Es un acto de amistad animar a alguien a reírse en situaciones difíciles. El sentido del humor hace que superemos momentos insoportables. El buen ánimo debería considerarse un gesto de amor.

Debemos darnos permiso para reír, amar y recordar. Y dar a los demás el mismo tipo de tolerancia. Darles la libertad para sentir algo y todo. Hay que ser así de amable. Así de generoso.

Independientemente de las circunstancias, debemos amarnos a nosotros mismos sin condiciones, y dejar que el asombro emocionante de ese amor se extienda al resto del mundo como acuarelas en un lienzo inmenso y en expansión.

Dar espacio para sentir

El duelo es normal, sí, y también necesario. Nos saca de nuestras obligaciones y exigencias presentes y debemos descansar y revaluar. Mide nuestra fortaleza emocional. El duelo nos puede ayudar a ver y sentir de forma auténtica. También nos puede hacer más conscientes.

De todas formas, si no usamos nuestra atención sabiamente, el duelo puede ser una carga para toda la vida. Debemos observar cómo lloramos una pérdida, cómo afecta a nuestro estado de ánimo y a nuestra salud general. Si no prestamos atención, nuestros pensamientos entrarán en viejas líneas argumentales. Si no tenemos cuidado, creeremos cualquier historia que nos contemos a nosotros mismos.

¿Somos plenamente conscientes? ¿Somos conscientes de lo que pensamos y decimos o solamente llenamos los silencios? ¿Somos auténticos con nosotros mismos o satisfacemos las expectativas de otras personas? ¿Estamos despiertos? ¿Estamos *aquí* de verdad?

Sin importar nuestro dolor, el cuerpo quiere mantener su conexión con la vida. Nuestro objetivo debe ser sentir más y pensar menos. Debemos abrir nuestros sentidos y darnos permiso para ver las distintas facetas de todo.

Dejemos que las emociones vengan y vayan sin juzgarlas. Debemos sentir nuestro miedo. Sentir culpabilidad o vergüenza sin condenarnos. Sentirnos indignados sin tener que exteriorizarlo. Sentir pena y también la extraña intensidad de nuestro amor. Sentir tristeza y saber que el duelo no nos define.

Sentirlo todo significa permitirnos experimentar un mal día o una noche desgarradora y encontrar una salida al dolor. Quiere decir estar en paz por fin con la verdad. Si tenemos miedo a sentir puede que también tengamos miedo a vivir.

A veces, hay cosas que deben sentirse al mismo tiempo. ¿De verdad se puede sentir tristeza y asombro simultáneamente? Sí. ¿Es posible estar lleno de rabia y, a la vez, valorar delicadamente la vida? Sí. ¿Pueden coexistir en nosotros la alegría, el tormento y la calma? Sí, y lo harán.

El amor sin límites puede estar lleno de rencor y desesperación. La comprensión se puede filtrar a través de una confusión cegadora. Podemos sentir dolor y, a la vez, reír. Podemos sentir el fuerte peso del duelo incluso mientras parece que flotemos por encima de él.

Todas las emociones deben ser reconocidas y expresadas sin convertir a nadie en el objetivo de estas. No importa si estamos furiosos, derrotados o resignados. No importa si odiamos. Por alarmante o desagradable que sea, todos los sentimientos cuentan.

Una vez que se expresa totalmente, una emoción no nos atormentará como hacía antes. Ya no somos tan vulnerables a nuestras propias historias. No es tan fácil que nos seduzcan hábitos que habían surgido del miedo.

Los seres humanos sienten. Ustedes y yo no podemos arriesgarnos a *no* sentir. El cuerpo produce emociones; lo hace por nuestra salud y nuestra supervivencia. Debemos acostumbrarnos a la idea de sentirlo todo sin tener que exteriorizarlo.

¿Qué significa «exteriorizar»? Es lo que hacemos cuando intentamos meter a alguien en nuestro drama. Cuando sometemos a otras personas a nuestras diatribas emocionales. Hay que recordar que nuestros agravios debemos resolverlos nosotros, no ellos.

Exteriorizar no es llorar una pérdida sino que normalmente es sinónimo de buscar atención. Puede que nuestro apetito por el drama acabara hace tiempo. Bien. Puede que ya no nos enfurezcan las injusticias de la vida. Aún mejor. Quizá ya nos hayamos dado cuenta de que las quejas alejan a las personas y que preferimos estar cerca de las personas a las que queremos. Esa es la recompensa por despertarse y llegar a ser consciente.

Aunque no hayamos aprendido del todo estas lecciones, podemos aprender ahora. Se puede aprender a sustituir hábitos egoístas por otros generosos. Podemos practicar sentarnos en silencio con nosotros mismos y ser el máximo de sinceros posible. Podemos aprender a disfrutar del sabor de la verdad.

He mencionado antes que, con la toma de conciencia, las mentiras nos dejarán mal sabor de boca. Las mentiras que nos contamos (a nosotros mismos) empezarán a hacernos sentir incómodos. Puede que lleguen a ser intolerables. La verdad se convertirá en nuestra comida preferida.

La verdad es la vida, no nuestras teorías sobre la vida. La verdad es lo que sentimos y tocamos, no las opiniones sobre lo que sentimos y tocamos. La verdad es uno mismo, no el conocimiento que uno cree que le define.

Intenten hacer esto, hasta que se convierta en algo automático: no pensar en nada, no oír nada, y, después, evalúen lo que sienten. Lo más probable es que no sepan cómo llamar a muchas de sus emociones. ¿Por qué deberían hacerlo? Nombren una y el conocimiento toma el mando. Por eso, limítense a sentir. Sentir y relajarse.

Fíjense en las pequeñas agitaciones y permitan que su cuerpo se sienta a salvo otra vez. Díganlo en voz alta. «Estoy a salvo. No hay ningún peligro aquí. Ni ahora, ni nunca». Cuando la respiración vuelva a ser lenta y profunda, empiecen a sentir lo que pasa a su alrededor.

¿Qué ocurre con sus seres queridos? Sientan a las personas a las que quieren, que sobreviven a la pérdida tan bien como pueden. Sientan, desde el punto de vista de estas personas. Después, ustedes podrán abrir sus sentidos aún más y sentir las emociones de personas que no conocen. Es así, miles de millones de personas sienten todas las respuestas posibles a toda clase de acontecimientos. Igual que ustedes, pagan un precio emocional por cada una de sus historias. Sientan el sufrimiento en curso. Sientan el deleite irrefrenable. Sientan la colisión de pasiones de la experiencia humana. Sientan el frenesí de este sueño colectivo que se propaga por las superficies calmadas de la Tierra.

Sientan el torbellino emocional, incluso mientras están sentados tranquilamente en el ojo del huracán. Sientan la muerte, la pérdida y la renovación. Sientan la urgencia desesperada de vivir. Sientan el amor que nos ata a todos a alguien. Sientan alegría, rabia y serenidad fundirse y convertirse en la fuerza total de la vida.

Sientan esa fuerza. A partir de ahora, dejen que le dé información. Liberen su apego a lo que creen que saben. Defiendan menos sus opiniones. Vean todo desde el punto de vista de la vida.

Desde el punto de vista de la vida, no existe lo correcto o lo incorrecto. Ni bueno ni malo. No hay pérdida ni ganancia. Y, desde el punto de vista de la vida, no hay nada que perdonar.

El perdón

Durante miles de años, los seres humanos han entendido la sabiduría del perdón. Sabemos que nos libera de las pesadas limitaciones que nos ponemos en el corazón. Sabemos que la pena por *no* perdonar es sufrir aún más.

Sin embargo, el perdón es un tipo de magia que somos reacios a practicar. La culpa parece más justificada. La rabia parece más lógica. El sufrimiento parece más justo. De nuevo, el precio que pagamos es demasiado alto y estamos dispuestos a pagarlo con demasiada frecuencia.

En realidad, nadie está nunca preparado para el trauma o sus consecuencias. Apenas somos capaces de mantenernos al día de los trastornos que se producen en un día corriente. Somos vulnerables a los juicios que hacemos contra nosotros mismos. Estamos indefensos contra nuestros recuerdos.

A pocos de nosotros nos enseñaron a querernos (a nosotros mismos) pasara lo que pasara. Y a menos aún nos enseñaron el poder de curación que tiene el perdón. Sin embargo, al final, nuestra mayor curación procede de perdonarnos a nosotros mismos.

Seguro que casi todos ustedes me preguntarían: «¿Perdonarme a mí mismo por qué?». Bueno, quizás quieran perdonarse por un papel que ustedes piensan que jugaron en un acontecimiento trágico, o por mantener vivas las viejas heridas, por su propia cuenta, o por permitir que el enfado y la amargura corrompan su impulso natural para amar.

Ustedes pueden perdonarse (a sí mismos) porque *no lo sabían*. Y pueden perdonar a los demás por la misma razón. Ellos también viven su propio sueño y no pueden ver el efecto que tienen en otras vidas. Pocos de nosotros sabemos qué harán nuestras acciones para afectar a los momentos futuros.

El perdón nos permite redirigir nuestras energías a otras personas y a otras pasiones. Nos descarga del peso de una historia trágica. Nos da un respiro respecto a los agravios en curso, aunque solo dure lo bastante para vernos a nosotros mismos, con una mirada de amor.

Puede que ustedes se sientan incómodos al dirigir su afecto hacia su interior. Puede que no sepan cómo hacer una pausa, respirar y dar un mensaje de ternura a su cuerpo. Probablemente sea extraño darse un abrazo a sí mismo, pero es un hábito que vale la pena adquirir.

Nuestra mente, al resistirse a la idea de la muerte, puede que le ayude en realidad. En momentos de trauma, la mente se queda conmocionada y en silencio. Después de la conmoción, todas las historias vuelven a empezar. Así que aproveche los silencios y sienta. Encuentre su conexión con la vida y permita que el perdón cure sus heridas emocionales más profundas.

En los meses y años posteriores a la muerte de una persona, nos puede parecer que flotamos en un océano de tristeza infinito. Puede parecer imposible no hundirnos. Puede que rememos, nos ocupemos de nuestras rutinas diarias y una ola se levante y nos arrolle. O una corriente nos arrastre hacia abajo. Esto también es normal.

Por mucho que nos esforcemos por mantenernos a flote, a veces gana la tristeza. No hay que avergonzarse por permitirse sentir el dolor en lugar de negarlo. Sumerjámonos en sentirlo, sin pensar. Aspire la tristeza, el miedo y el dolor. No evite nada.

En poco tiempo, la verdad puede hacerse más visible para ustedes. Incluso puede parecer indiscutible. Puede que se sientan más cerca de la vida. Su cuerpo puede sentir su generosidad, incluso en el punto más hondo de su desesperación.

Cuando vuelvan a la superficie, inspiren la nueva alegría, la gratitud y el perdón. Sientan a sus seres queridos en el aire, la luz del sol y en cada ser vivo. Recuerden que nuestra mente puede ser tan flexible como la vida. Puede adaptarse al cambio. Puede consolar al cuerpo con palabras amables o un maravilloso silencio.

Cuando la muerte nos deja confundidos y privados, nuestra mente puede ser un amigo fiel. No teman mostrar al mundo cómo es esa amistad. Floten, naden o vuelen —hagan una cosa, la otra, o todas. Tómense el tiempo para sentir y confíen en que la vida les apoyará.

Se supone que la existencia nos instruye. La muerte es una parte necesaria de esa enseñanza. La mente debería aprender estas importantes lecciones y no obstruirlas. Se debería permitir que el duelo nos llevara a nuevos niveles de sabiduría mientras seguimos vivos.

Aceptar lo normal

Todo el mundo se pregunta cómo se enfrentaría a lo impensable. ¿Afrontarían un acontecimiento trágico de otra forma? ¿Lo harían mejor o peor? ¿Serían valientes o se desmoronarían con la sola mención de un amigo o familiar perdido? ¿Se rendirían y desearían morir?

Es importante seguir haciendo la pregunta «¿Cómo me siento?». La respuesta siempre está cambiando, igual que nosotros cambiamos y aprendemos. Perder a alguien tiene un efecto devastador en el cuerpo y la psique. Es probable que lo que sintamos vaya mas allá de las palabras y las lágrimas. Tenemos que ser el máximo de sinceros posible.

Quizás ustedes digan «Lo siento, es demasiado tarde para eso. Mis penas son demasiado numerosas para contarlas, demasiado profundas para expresarlas. Mis recuerdos ya me torturan, y cada pensamiento me conduce a la rabia y la vergüenza».

Todos estamos atrapados por las rutinas diarias y nos olvidamos de ver cómo estamos nosotros mismos. Nuestra atención cambia de forma errática, de la familia al trabajo a las ambiciones sociales y las relaciones románticas. Pasan cosas. Algunas decisiones que tomamos hacen daño a las personas que más nos importan.

Solo después de perder a alguien vemos las oportunidades de hacerlo todo mejor. A veces superamos nuestras propias expectativas y otras no estamos a la altura. Somos el héroe y el villano de nuestra historia.

Somos padres y madres atentos también ausentes cuando nuestros hijos nos necesitan. Somos buenos amigos y, muy a menudo, descuidados. Somos amantes generosos pero a veces también egoístas y temperamentales. Somos fantásticos en la vida... cuando no somos horribles. Esto es normal.

Y aquí están, ahora, frente a más decisiones. ¿Se rinden o dan un paso adelante? ¿Se hace más tenue o brilla con más fuerza? ¿Su miedo se hace más fuerte o se disipa en el brillo de su propia luz?

El dolor emocional es normal. Y también el miedo de que nuestro dolor nunca se reduzca. El dolor que sienten ustedes nunca desaparecerá del todo. Ya forma parte de ustedes.

Eso también es normal.

En el transcurso de la creación, la muerte es normal. Al igual que la pérdida. Y las consecuencias de lo que hacemos tras la pérdida. Es normal llorar una pérdida y es normal aprender de nuestro duelo y recuperarnos de él.

Solo un segundo, reconozcamos nuestro dolor sin poner excusas. Liberemos nuestra mente de todas sus sentencias. Rechacemos pensamientos que nos envenenan. Imagínense su propio dolor perdiendo su peso y densidad hasta que sea capaz de irse flotando con un viento alegre.

Ustedes son quienes imaginan una idea y hacen que cobre vida. Ustedes son los que toman las decisiones en cada momento. Solo ustedes pueden calmar su corazón herido. Puede que opten por no hacerlo. Quizás crean que es adecuado sufrir tras una tragedia. Puede que incluso crean que no merecen ser felices o que no merecen estar vivos.

«No puedo más», puede que piensen ustedes. Y, en cierto modo, es cierto. No pueden seguir igual que eran antes. La pérdida les ha cambiado para siempre. Así ha sido a lo largo de su vida. Su genialidad siempre ha sido esa: encontrar más maneras de ser ustedes.

A lo largo de su vida, ustedes han llevado varias caras para distintas situaciones. Han cambiado de ropa y de actitud para adaptarse a cada ocasión. Ahora pueden escoger otra forma de ser. Ahora pueden sospechar que, bajo todas las máscaras que ustedes llevan, hay un ser humano auténtico que espera ser descubierto.

¿Y ahora qué hago?

Perder a un ser querido es devastador y no hay ninguna forma de mitigar su impacto. Puede que ustedes sientan las repercusiones de esa pérdida durante mucho tiempo. Quizás sientan pena de ustedes mismos y acepten voluntariamente la compasión de otros. O puede que decidan honrar la vida invirtiendo sus energías de otra forma.

Las emociones deben fluir libremente a través de ustedes. En un entorno sano, les tocan, les enseñan algo y les cambian. No hay seguridad al aferrarse a un sentimiento y negarse a soltarlo.

Nuestra mente puede hacer mucho para alterar su propia narrativa. Puede actuar como un amigo durante el proceso de curación o puede ser su peor enemigo. En vez de dejar que sus pensamientos dicten cómo se siente, conviértalos en aliados. Confíe en ellos para que le protejan y apoyen su deseo de amar.

Porque ustedes creían algo en el pasado no significa que todavía deban creerlo, ni que alguna vez fuera verdad. Recuerden al niño pequeño que creía en cuentos de hadas y consuélense con el hecho de que han llegado a ser adultos.

Respeten el derecho de todo el mundo a tener un punto de vista; pero no permitan que nadie les imponga sus creencias. Sean escépticos con lo que alguien les dice, pero escuchen a esa persona. Decidan por sí mismos lo que es cierto, teniendo en cuenta su salud y su bienestar.

Todo el mundo tiene opiniones y no siempre les da vergüenza hablar de ellas. A la gente le encanta brindar consejos y empatía. Enseguida nos dicen una cita, una frase profunda o un proverbio de algún sitio.

La gente dice muchas cosas con la intención de ayudar. Dicen que el tiempo cura. Dicen que la vida es injusta. Dicen que no hay nada peor que la muerte y que solo los buenos mueren jóvenes. Dicen que se supone que no debemos vivir más que nuestros hijos, pero que algunos lo hacemos.

A veces, los amigos bienintencionados nos pueden hacer sentir peor de lo que ya estamos. «Esto es lo peor que puede pasar», dicen, «¡Esto es horrible para ti! ¡Debes de sentirte muy culpable!»

Puede que susurren cosas como «¡Nunca lo superará!». Puede que insistan «¡Ella no se merece esto!». Algunas personas les tendrán lástima. Y ustedes pueden tener la tentación de sentir lástima por sí mismos. Algunas personas les evitarán.

La gente puede que apoye nuestras peores historias. Puede que fomenten nuestros temores más profundos. Las buenas intenciones puede que no hagan nada para aliviar nuestro dolor... y las supersticiones pueden hacer que las cosas sean mucho mucho peores.

Con la esperanza de encontrar algo de luz en la oscuridad, quizás decidamos explorar religiones nuevas. Podríamos recurrir a antiguos mitos. Puede que hablemos con un vidente o con un adivino. En nuestro duelo y temor, podemos tener la tentación de considerar algo irracional.

No es nada raro que las personas llamen a los fantasmas y los espíritus para estar tranquilos. Quieren imaginar que su ser querido está «en un lugar mejor» o que hace compañía a los ángeles. Para algunos, ayuda imaginarse que los muertos siguen vigilándonos, que han vuelto como bellas criaturas que vuelan por encima del sueño humano.

Es agradable pensar que alguien ha vuelto y que ahora es el halcón que acaba de pasar por delante de la ventana de la cocina o el perro callejero que ha caminado hasta casa. Queremos ver a nuestros seres queridos en la primera flor que sale en primavera o en la paloma blanca que corteja a su pareja.

Queremos reconocer algo de ellos en la elegancia de un ciervo o los ojos de un coyote. Si las personas que hemos perdido pueden vivir tan claramente en nuestra imaginación, deben de existir aún como otra cosa, en algún otro lugar.

¿Hay vida después de la muerte...? ¿Hay cielo o infierno? ¿Puedo hablar con los muertos? ¿Mi ser querido vela por mí? Debemos escucharnos a nosotros, los supervivientes, con atención, para ver cómo abordamos la muerte, cómo contraponemos ideas y hacemos que nuestra mente libre una batalla consigo misma.

Todos tenemos la tentación de glorificar a los muertos. Queremos imaginarnos que son santos y que están sentados cerca de Dios. Nos encantaría verlos correr a través de campos soleados. Queremos oírlos, verlos y que nos tranquilicen.

Sin embargo, la muerte no se hace más comprensible mediante las historias. La superstición tiene el poder de gobernarnos. Tiene el poder de hacernos daño y confundirnos. Tiene poder porque se lo damos; pero sin el beneficio de nuestra fe, las supersticiones no tienen ningún poder en absoluto.

La energía es poder. La materia es real. ¿Qué es más asombroso que la carne y los huesos envueltos en una verdad incomprensible? ¿Qué historia puede igualar la intensidad de este momento?

¿Qué teoría es más impresionante que la chispa de una neurona o el latido acelerado de nuestro corazón? ¿Qué es más imponente que nuestra propia evolución? Nada. Nada es más increíble que nuestra verdad.

Ustedes han evolucionado de tantas formas. Un feto se convierte en un pequeño bebé y, posteriormente, en un simpático niño. Más cambios físicos los lanzaron hasta la edad adulta. Se han acostumbrado tanto a estos cambios dinámicos que nuestra mente no se puede imaginar su fin. *¿Cuál es la fase siguiente?*, quieren saber. *¿Dónde estaré después de esto? ¿Ahora qué hago?*

El trabajo de la mente es saber cosas, pero no puede conocer la muerte. *¿Por qué vivimos y, después, dejamos de vivir?* No existe una respuesta verdadera a esta pregunta, sin embargo, la humanidad ha inventado un millón de historias en su esfuerzo por encontrar preguntas.

Reciten las palabras de poetas y profetas si así alivian su dolor. Llamen a ángeles de la guarda o guías espirituales. Crean en algo que les parezca verdad, para su propia curación. Créanlo, fortalézcanse y, después, suéltenlo.

Ustedes no son sus historias y supersticiones. Son la vida en su totalidad, mirándose a sí mismos a través de las gafas más pequeñas posibles. Los hombres y mujeres sabios no temen a la muerte; saben reconocerse a sí mismos como la fuerza única, infinita y eterna. No hay ninguna razón por la que ustedes no puedan ser igual de sabios y conscientes.

Cuéntense a sí mismos las historias que les den consuelo. Después, cuenten la historia de su hijo, la de su amor y la de su madre y su padre. Cuenten la historia de ustedes. Es la mitología más enseñable de todas.

Cuenten la historia de cómo esa persona a la que amaron y que han perdido recientemente les cambió la vida. Describan cómo continuará su vida sin la presencia de esa persona. Honren la vida de las personas que valoran viviendo la vida al máximo.

Recuerden al amor que echan de menos y la intimidad que compartían. Recuerden y consuélense. Recuerden a su dulce hijo, siempre dispuesto a recibir mimos. Recuerden a su padre, madre o amigo y maravíllense por su apoyo constante.

Recuerden lo que ese maravilloso ser humano significaba en su vida. Recuerden la cara, la voz y el tacto de una mano. Recuerden y den gracias, pero también deben saber que las personas a las que ustedes quisieron nunca fueron solamente hombres, mujeres o bebés preciosos. *Eran vida.* Eran vida, igual que ustedes lo son ahora.

En su afán por creer en algo, recuerden que ustedes son la vida misma. Espejo Humeante, nuestro curandero en el desierto, tuvo esa revelación. Vio que su cuerpo estaba formado por estrellas y el espacio entre las estrellas. Y sabía que eso sucedía con todo el mundo.

Cada persona está hecha de energía fusionada con materia. Ninguna otra historia es tan fascinante como esa. Ustedes no tienen por qué imaginar la cara de un ser querido en una nube. Ustedes son la nube. Ustedes son el lucero del alba y la luna de medianoche. Y, sí, ustedes son el coyote, el halcón y el aullido del viento. Sea lo que sea la vida, ustedes lo son.

Ustedes son la luz que brilla en los ojos de un niño y en la sonrisa de un desconocido. Ustedes son el aliento más pequeño y el logro más grande. Ustedes lo son todo, en todas partes, incluso mientras viven.

Día 5:
La elegía

Soy la fuerza que crea y
todo lo nacido
lo erradica.

¡Hola otra vez! Hemos llegado al último día de nuestra conversación sobre la muerte y la pérdida, y me gustaría empezarlo con otra historia.

Primero, admitamos que las historias son un arte humano, pero que los humanos no siempre enfocamos nuestra narración de historias como artistas. Es evidente que nuestros pensamientos nos molestan. Incluso parecemos dispuestos a permitir que nos venzan. Dejamos que nuestro parloteo mental pase desapercibido hasta que enferma a nuestro cuerpo y arruina nuestros sueños. Sabiendo esto, podemos cambiarlo.

El lenguaje es un arte sagrado. Las palabras nos dan la oportunidad de comunicarnos con todas las personas, no solo con nosotros mismos. El propósito de la narración de historias es animarnos, como individuos y como especie.

Por lo tanto, igual que nuestras mejores leyendas, incluso un pensamiento que se tiene por casualidad nos puede enseñar a ser más sabios. Cada idea tranquila puede reflejar la verdad. Incluso durante una crisis, nuestra mente puede producir recuerdos-historias que ofrezcan estabilidad y consuelo.

Hay un cuento reconfortante que oí una vez de niño sobre un hombre amable cuya esposa falleció a una edad temprana. Su amor por ella era tan fuerte que juró que nunca podría ser feliz sin ella. Lloró su pérdida durante años y años.

Empezaba cada día sintiendo una gran tristeza. Cada noche, rezaba para que Dios se lo llevara pronto para poder estar de nuevo con su amada esposa. Le resultaba difícil estar en compañía de la gente, así que evitaba ver a familiares y amigos.

Todos los días, visitaba la tumba de su esposa y lloraba con tristeza. Un día, mientras el hombre sollozaba sobre la tumba, notó que había un ruido extraño. Parecía que alguien estuviera cantando y tocando una guitarra.

¿Cantando, en un cementerio? ¡Imposible! El pobre hombre se enfadó tanto que se puso de pie y fue airado hacia donde venia la música.

Cerca de donde estaba enterrada su mujer, encontró a un joven sentado sobre una lápida, tocando la guitarra. Parecía completamente en paz, encantado con cada nota que tocaba, y sonriendo para sí mismo mientras cantaba:

«Con una canción y una sonrisa, me quedaré

un rato, Y seguiré lo que la vida…»

«¿Qué hace?», le interrumpió el hombre. «¿Es que no sabe dónde está?»

El joven dejó de tocar y levantó la vista sonriendo. «Sí, señor», respondió amablemente. «Estoy en la tumba de mi esposa maravillosa, la mujer a la que he querido más que a cualquier cosa en el mundo».

«¿Su mujer está muerta?», respondió el hombre mayor. «¿Y usted sonríe? ¿Y canta?»

«Sí. Ya no está, y no debo enfrentarme al mundo sin ella». Levantó la guitarra en el aire. «Debo seguir la voluntad de la vida, igual que debemos hacer todos».

«¿Cantando?», el hombre del duelo se disgustó.

«¡Cantando, sí! Y bailando. ¡Y volviendo a cantar un poco más!», dijo el otro hombre, mientras cogía la guitarra y continuaba la estrofa.

«¡Aquí estoy, solo y abandonado,
tras perder a mi amor, mi amiga y mi mujer!
¿Qué se puede hacer cuando ya no queda nada
excepto seguir lo que la vida ha señalado?».

La voz del joven era clara y le brillaban los ojos con amor. Sin dejar de cantar, se puso de pie y caminó alegremente alrededor de las tumbas que había cerca.

«Con un corazón alegre y una sonrisa,
bailaré un rato,
y seguiré lo que vida… lo que la vida…
ha señalado».

Esta historia es como muchas otras que se han contado a través de la historia. Nos enseña a honrar y respetar la vida, independientemente de lo que ocurra. Nos insta a apreciar la generosidad de la vida, incluso frente a la pérdida. En vez de animarnos a ver todos los acontecimientos desagradables como una injusticia, nos da otro punto de vista.

La voluntad de la vida parece sencilla: nosotros, las criaturas, nacemos. Vivimos, creamos más vida y, después, nuestros cuerpos físicos mueren. No existe una ley natural que diga cuánto tiempo debe sobrevivir un ser vivo, ni cómo debería vivir.

El duelo es una respuesta auténtica al perder a alguien. Es una canción que cantamos los humanos a los muertos, jóvenes y viejos, pero su melodía es familiar a muchas otras especies. La experiencia es compartida por un sinnúmero de seres vivos.

El duelo también es una elegía, un poema, escrito en nuestro tejido genético. El tema de una elegía es el amor: el amor por lo que fue, por lo que es y por lo que todavía sería posible. Se podría decir que el duelo es nuestro tributo a todo lo que se ha destruido en el proceso de crear más vida.

Llorar la pérdida de alguien es normal, pero permitir que el duelo derrote a la alegría no lo es. Estar furioso por el fallecimiento de un ser querido es normal, pero mantener viva esa rabia, no. Echar de menos el amor de un niño o un cónyuge es normal, pero usar el amor como excusa para hacernos daño, no. Cuando la felicidad no recibe el combustible que necesita, permanecemos inconsolables.

La muerte nos da la oportunidad de alegrarnos de haber conocido a alguien. También nos tienta a sentirnos culpables, ya que lamentamos lo que nunca se dijo y nunca se compartió. Fomenta el establecimiento de lazos, pero también la culpa.

Cada uno de nosotros hacemos esta elección como artistas.

El artista

El duelo es una expresión más del arte de la humanidad. Las decisiones que tomamos tras una pérdida son decisiones creativas. Nuestra forma de responder a la muerte afecta a nuestra apreciación de la belleza y nuestro entusiasmo por los días futuros.

Por supuesto, nadie puede elegir si sentir dolor o no. Duele perder a alguien. La pregunta es si dejamos que el dolor nos consuma. ¿Destruirá todo lo que hemos creado? ¿La pena nos llevará por un camino de destrucción o nos inspirará a crear?

Independientemente de lo que decidamos, el dolor ya forma parte de nosotros. Ahora, está situado en el mosaico que es nuestra vida. Ha cambiado la forma de nuestro mundo y ha compuesto una melodía distinta a través de la cual nos movemos.

Seguir amando con generosidad y sin condiciones, incluso mientras se llora la muerte de un ser querido, es excelencia artística. Aceptar lo que se da al igual que lo que se arrebata es obedecer la voluntad de la vida.

Un acontecimiento nos ha cambiado. La forma de pasar los años que nos queden va a depender de nuestra voluntad. No podemos tomar decisiones auténticas cuando estamos limitados por los papeles que interpretamos. La voluntad no es nuestra mientras las opiniones de otras personas determinen nuestras acciones.

Se podría decir que el libre albedrío es el privilegio del artista. Se lleva a cabo a discreción del artista, que puede someterse a la presión del público o tomar decisiones revolucionarias por amor al arte.

Un artista puede escoger un estilo o muchos. Igual que ustedes. Ustedes pueden ser innovadores y experimentales. Pueden celebrar su arte o subestimarlo. Pueden crear una belleza duradera o destruir una obra de arte antes de que se reconozca plenamente.

Imagínense a un pintor que pinta emocionado colores en un lienzo. Quizás trabaje durante horas y, de repente, en un instante, decida pintar encima de todo y empezar algo nuevo. Eso es un acto de libre albedrío. Es el proceso de la creación.

Pongamos que una ceramista está haciendo algo con arcilla. Se ha propuesto hacer un cuenco, pero, en un destello disparatado de inspiración, acaba haciendo una estatua delicada. En el acto de crear una cosa, se ha perdido otra.

Espejo Humeante, nuestro chamán del desierto, también era un artista. Estaba dispuesto a cuestionar su propia visión de la realidad, a dejar en el pasado las creencias y los aprendizajes aceptables y encarnar la verdad. Cada cultura evoluciona a través de la visión y el valor de sus artistas.

En las culturas budistas e hindú, crean una obra maestra llamada mandala. Se trata de una práctica meditativa destinada a conectar los mundos interior y exterior. Son obras de arte, pintadas o construidas con objetos llenos de colorido. Suelen ser de patrones geométricos que se construyen con arena, grano a grano. Se cuida especialmente el color, el diseño y el significado simbólico.

Tras días o semanas de crear un diseño intrincado con arena, el trabajo se destruye. La arena se cepilla, se forma una pila y se tira en agua corriente para extender sus bendiciones.

Una vida humana es una obra de arte. Se necesitan innumerables días de evolución para que un niño llegue a la edad adulta sin percances. Se necesitan un millón de momentos de felicidad y apuros para que una persona se convierta en un amigo, un niño o una (nuestra) pareja.

En cambio, se puede destruir en solo un segundo. Basta una única acción o una decisión irreflexiva. De todas formas, esa creación lo cambió todo, y su intrincada belleza continúa siendo una fuente de inspiración para quienes sobrevivieron.

Vivimos como seres humanos un tiempo breve. Existimos como meditaciones sobre la verdad y testigos de la maravilla de la vida. Cada ser vivo es un mandala que nos proporciona una sensación de paz y nos recuerda la certeza de la muerte.

Ustedes y yo somos intrincadas obras de arte y nuestro fin no es durar. Nuestra vida es más gratificante y compleja por las personas que conocimos y perdimos. No hay que pensar en el arte, sino sentirlo. Lo *experimentamos* de una forma misteriosa siempre que lo recordamos.

Las personas que han muerto todavía viven en nuestra mente. Sus historias nos enseñan. Sus caras y sus cuerpos nos inspiran a amar. Recordar a estas personas nos debería aportar paz, no tristeza. Visualizar la sonrisa o el gesto de alguien debería hacernos superar el duelo.

Una única vida puede deslumbrarnos. Puede influir en muchas. Puede cambiar mundos o iluminar una esquina diminuta, pero, al final, la luz se apaga. Sus colores se desvanecen. Sus patrones se desdibujan y se extienden.

Con el tiempo, la obra de arte se barre y sus bendiciones se vuelcan en la corriente de la memoria humana.

El arte y la voluntad

Vivir es un arte. Por eso, en ese sentido, todos somos artistas. Las personas que perdimos también lo eran. Hicieron su contribución en su momento de la historia. Fueron moldeadas por los acontecimientos globales y las circunstancias personales. Sus creencias y deseos produjeron un sueño una vez y para siempre.

El arte se hace para gustar y para provocar. El arte nos conmueve y nos involucra. El arte nos conquista y nos inspira, pero no está hecho para durar. Por muy desgastados y dañados que pensemos que estamos, cada uno de nosotros es una obra de arte con forma humana. Y esa forma tampoco está destinada a durar.

Construimos nuestros palacios sabiendo que algún día se reducirán a ruinas como testigos efímeros de nuestro genio. Creamos algo bello y enviamos a esa pequeña obra de arte a conocer su destino. Tarde o temprano, se perderá en la historia.

Pero todos somos sensibles a la pérdida. Roban artefactos que no tienen precio y se destruyen estructuras históricas en los horrores de la guerra. Lamentamos su destrucción, y la pérdida de la razón y la voluntad de la humanidad. Tememos por la humanidad en sí.

Y celebramos la recuperación, como cuando se encuentran tesoros hundidos o antiguos manuscritos. Buscamos signos de civilizaciones olvidadas. Coleccionamos cosas. Nos aferramos los unos a los otros. Valoramos los objetos raros igual que valoramos la vida humana.

Pregúntense cómo nos sentimos al crear algo. Nos sentimos bien. De maravilla. Si han criado a un hijo, cultivado una amistad íntima o construido un negocio, ¿lamentan haberlo hecho? ¿Desearían no haber invertido nunca en ese esfuerzo?

Ustedes también estaban creando una historia personal. Si piensan que fracasaron en alguna parte de esta, significa que no entienden la existencia. Ese «fallo» magnífico es su arte. El proceso creativo de todo el mundo es desordenado y agotador, pero da como resultado algo que nunca será visto ni experimentado de nuevo.

Imaginemos unas pompas de jabón flotando en la brisa. La luz del sol adorna cada pompa con patrones únicos de remolinos de colores. Las pompas de jabón son algo delicado y efímero. Nacen con un soplo de aire. Bailan y dan vueltas. Después, con un estallido desaparecen. Su rastro se evapora rápido en las horas de más calor.

Crear algo bello vale la pena, aunque solo nos dé un placer breve. Nuestra vida es un esfuerzo creativo constante. Nuestra vida es nuestro arte, y la muerte forma parte de esta maravilla.

Creamos arte al tener ojo para la belleza. La evolución del punto de vista es natural en nuestro proceso creativo. ¿Por qué no miramos la muerte de esta forma?

Nuestra propia muerte será una expresión única de nuestro arte. La muerte de un ser querido debería verse de la misma manera. Respetando sus talentos, sin juzgarlos a través de nuestras desilusiones. Tanto si ha muerto joven como muy viejo, valoremos su arte.

Demos todo nuestro respeto a los artistas que hemos perdido. Y concedámonos a nosotros mismos esa pequeña gracia mientras avanzamos sin ellos.

No importa si se consideran a sí mismos inteligentes o espirituales, ni si hablan fácilmente o les cuesta hablar. Su arte llega más allá de las palabras y su talento artístico sigue evolucionando.

Ustedes son el personaje central de un sueño que ustedes mismos han creado. Su vida es una clara obra de arte, moldeada por su propia forma de pensar e imaginar. Ustedes han construido una realidad con todas las cosas que han aprendido. Y todavía están construyendo. Como la vida misma, construyen, deconstruyen, reconstruyen y reinventan.

La vida, el artista supremo, crea y destruye al mismo tiempo. El cambio llega con revueltas y a veces con la muerte. Los árboles brotan y crecen a partir del rico legado de las hojas en descomposición. Con las raíces viejas, plantamos nosotros mismos en la tierra un sueño nuevo, dando la bienvenida a nuevas amistades y nuevas oportunidades.

Ustedes, los artistas, se han enfrentado a esos mismos cambios durante toda su vida. Se han transformado a medida que crecían. Las células de su cuerpo se han reemplazado muchas veces durante esas décadas. Nuestra mente ha sustituido una creencia por otra. Las viejas imágenes de uno mismo se han descartado y han dado paso a otras. Las costumbres se acaban y las pasiones se olvidan.

Puede que hayan tenido que cambiar de una ciudad a otra en su vida. Por el camino, ustedes han descartado objetos preciosos, han vaciado habitaciones y se han alejado de realidades familiares. Simultáneamente, ustedes han creado nuevas realidades en otros lugares. Han amueblado otras casas y pintado otras paredes.

Han visto crecer unos jardines y han dejado que otros murieran. Después de la demolición y la construcción, han seguido adelante. Han creado nuevas realidades a partir de los restos de las antiguas. Y ahora tienen la oportunidad de volverlo a hacer.

Los grandes artistas se rebelan contra las expectativas sociales. Rindiéndose a las inspiraciones de la vida, no harán caso a quienes los critican. Siguiendo su propia voluntad creativa, puede que incluso rompan las reglas que los llevaron a la grandeza.

Los artistas ejercen el libre albedrío. Ustedes son el artista de su realidad personal y mejoran su habilidad con cada revelación. Ustedes son su propia obra de arte y se modifican a sí mismos con cada experiencia nueva. Ustedes son el estudiante, el profesor y la suma de todo lo que han aprendido. También son el producto de toda la experiencia humana. Ustedes saben qué se siente ante la victoria, y también ante la desesperación.

Toda experiencia humana vive dentro de su memoria genética. Puede que ustedes no sean un padre que perdió a su único hijo, pero esa experiencia forma parte de ustedes. Ustedes saben qué significa ser un chico que perdió a un hermano o una chica solitaria que perdió a un amigo. Ustedes son un niño que creció sin su madre y una viuda, inconsolable y sola, que llora la muerte de alguien.

Ustedes son la experiencia humana, que viene acompañada por sus crueldades y alegrías inmensas. Toda experiencia humana está llena de pequeñas alegrías y placeres increíbles. La muerte se equilibra con la emoción asombrosa del nacimiento. Cada pérdida se equilibra con innumerables ganancias.

No debería pasarse por alto ninguna decepción, ni olvidarse ninguna alegría. Los recuerdos agradables, así como los desagradables, han hecho que su vida sea esa obra poética. Y cuando la memoria haya perdido su poder sobre ustedes, el amor es lo que perdurará.

Juegos de memoria

La muerte, el nacimiento y los ritos de paso son acontecimientos. Igual que todos los pequeños momentos de su vida que pasan desapercibidos. De hecho, ustedes son un acontecimiento en curso. Su vida empezó en cierto punto, evolucionó y continuará evolucionando hasta el acontecimiento de su muerte.

Sus relaciones también son acontecimientos; y las relaciones humanas funcionan mejor cuando ustedes recuerdan tratarse a sí mismos con amabilidad, sobre todo cuando hay tensión. Cualquier situación mejora cuando ustedes respetan a las personas que tienen cerca, sobre todo en momentos de duelo.

Cada acontecimiento enseña algo. Su respuesta a cualquier situación dice algo acerca de ustedes. Un pensamiento, o una imagen, es un acontecimiento virtual que desencadena emociones de verdad. Ocurre lo mismo con sus preocupaciones del pasado.

Como ustedes son buenos imaginando cosas, piensen en una familia de patos que pasan a ras de la superficie de un río. Es una imagen feliz. Obsérvenlos mientras avanzan rápido con la corriente, metiendo el pico en el agua de vez en cuando y disfrutando del paisaje.

El río los hace ir deprisa, pero no llegarán demasiado río abajo. En algún punto, los patos dan la vuelta. Desafían a la corriente. Baten las alas y vuelven volando al punto en el que estaban.

Así pasan el día. Los patos flotan río abajo, vuelven volando río arriba y vuelta a empezar, repitiendo el mismo trayecto una y otra vez como hacen los niños en un parque acuático.

Nosotros no podemos hacer eso. No podemos repetir nuestra vida, pero eso no significa que no lo intentemos. No podemos resistirnos a batir nuestras alas mentales con la esperanza de impulsarnos y salir del presente para llegar a otro lugar. Pero más tarde nos damos cuenta de que nos hemos perdido el momento y no hemos visto el paisaje.

El pasado ya ha sido vivido. No se puede experimentar de nuevo. No podemos duplicar los momentos

maravillosos y no nos atrevemos a repetir los dolorosos. No hay consuelo en la reconstrucción de los recuerdos. No hay nada que ganar en la culpabilidad y
el lamento.

«Podría haberme quedado con ella aquella noche», podríamos decir sobre un padre o una madre
que han fallecido. «No debí dejarlo de lado», podríamos decir sobre un amigo. Deseamos no haber
hecho eso o dicho aquello o haber dado a entender
algo en concreto. Desearíamos hacerlo todo otra
vez.

La mente es un historiador, un comentador.
Documenta lo que ocurre, minuto a minuto. Emite
juicios sobre lo que está bien o mal y lo que es seguro o peligroso. La mayoría de las historias que cuenta son prestadas de otras imaginaciones, pero ha
sido fiel a dichas historias desde la infancia.

Nuestras narrativas mentales siguen y siguen
como si fueran nuestro audiolibro preferido. Hemos oído hasta el último detalle del diálogo antes,
pero continuamos escuchándolas. Conocemos la
trama, pero todavía parece que nos sorprenda. Cap-
tamos el mensaje, pero no podemos pasar página.

Hemos llegado a creer lo que pensamos, y lo que pensamos en lo que nuestros cuerpos sienten. Si pensamos en algo que nos enfadó en el pasado, volveremos a enfadarnos. Si pensamos en una traición, una decepción o una pérdida, nos pondremos tristes otra vez. No importa cuántos años hayan pasado desde entonces.

Cada vez que recordamos un acontecimiento perturbador, el cuerpo produce sentimientos de miedo o consternación. No es necesario que haya una muerte en la familia para hundirnos. Debemos observarnos en los momentos ordinarios y ver cómo nos preocupan los recuerdos dolorosos.

«¡Eh! ¿Dónde te has ido?», nos dicen cuando no les hemos prestado atención. Estábamos ahí, pero sin estar ahí de verdad. Habíamos elegido concentrarnos en un recuerdo en vez de en ellos. Estamos en una conversación imaginaria. Estamos sentados en un sitio, pero nuestra mente está en otro. No podemos hacer que el pasado sea mejor, pero sí que podemos empeorar el presente. ¿Por qué querríamos hacerlo? El *ahora* es un momento incorrupto, porque todavía no está comprometido con una historia. El *ahora* está libre de preocupaciones y está listo para la imaginación. El *ahora* puede jugar con infinitas posibilidades; el pasado, no.

Antes teníamos algo y ya no. Lo que existía, ya no existe. No hay respuesta a «¿Por qué una persona tan encantadora tenía que morir?». Ella ha muerto. Él ha muerto. No hay discusión que valga con la vida. No hay negociación posible con la verdad.

La mortalidad es uno de los innumerables dones que nos da la vida. Reconozcamos lo asombrosa que es. Expresemos una gratitud verdadera por todo lo que ha pasado y está a punto de pasar. Recordemos que el cambio casi siempre conlleva perturbación.

Cambio y perturbación; no son palabrotas. Describen la vida. Nuestra vida, entonces y ahora. Una persona a la que conocíamos ha muerto. No podemos volver a como eran las cosas. Tenemos que hacer que las cosas vayan bien en este preciso instante.

Quizás ustedes se han preguntado muchas veces lo que significa «vivir el momento» y la respuesta es simplemente prestar atención a lo que ocurre ahora mismo. Hay que sentir un acontecimiento, verlo como es y responder a él de forma auténtica.

La autenticidad es algo con lo que perdimos contacto hace tiempo al comienzo de nuestro viaje en la vida. Pasamos nuestros primeros años practicando las respuestas adecuadas. Aprendimos el juego de gustar a las personas y al poco tiempo ya lo dominábamos.

Puede parecer arriesgado deshacer todo ese trabajo y nuestros esfuerzos pueden tener consecuencias imprevisibles. ¿Qué pasará si dejamos de doblegarnos ante las expectativas? ¿Cuánto perderemos? ¿Cómo nos verán las personas entonces? ¿Quiénes seremos?

Recuperar la autenticidad lleva tiempo y práctica (lo opuesto a la práctica que fue necesaria para perderla tiempo atrás) y la incertidumbre no es una excusa para dejar de crecer. Queremos sentirnos a salvo, sí, pero no hay mucha seguridad en las cosas viejas y familiares. No existe el refugio de mentir, por mucho que haya parecido protegernos en el pasado. El único refugio seguro es el *ahora*.

El *ahora* nos puede ofrecer algo que nunca hemos experimentado. Al otro lado del ahora está el estar consciente. El estar consciente radica en encontrar consuelo en el momento actual, independientemente de lo que ofrezca dicho momento.

En el momento que estamos experimentando, deben elegir ser auténticos. Tomen una acción espontánea y fíjense en su impacto. Digan algo sincero y sientan su resonancia. Desarrollen el gusto por la verdad.

La autenticidad es irresistible. La verdad es atractiva. ¿Quién no se siente atraído por una persona sincera y lúcida, aunque se la tilde de excéntrica? A veces, las personas reaccionan con incomodidad ante el comportamiento auténtico. Puede que las vean ingenuas, pero también les inspira respeto.

Digan que no cuando quieran decir no. Digan que sí cuando quieran decir que sí. No digan nada si su opinión no es bien recibida. Se permite el silencio. Se recomienda escuchar. Escuchen lo que piensan ustedes mismos. No se lo crean, pero aprendan algo de ello.

Admitan lo que sienten, aunque les parezca desagradable. Puede que sientan una rabia intensa o la angustia de la injusticia. Puede que sientan vergüenza por haber escapado de la muerte y que otra persona no lo hiciera. Quizás sientan un vacío interior enorme al saber que nunca más compartirán momentos con la persona que amaron de una forma indescriptible.

Vivir el momento significa usar todo el poder personal que tenemos disponible. Solo en este momento tenemos el poder de cambiar nuestro punto de vista. Justo ahora, tenemos el poder de conquistar nuestros temores y hacer las paces con la muerte. Ahora, podemos tomar la decisión de amarnos y disfrutar de cada momento que nos da la vida.

No deben huir de lo que es ni de lo que fue. No deben huir de lo que será o puede que nunca sea. Ustedes pueden dar la bienvenida a cualquier posibilidad. Ustedes pueden llevarse bien con el *ahora*, incluso en tiempos difíciles.

La única realidad es ahora, y *este preciso instante* desaparece en un abrir y cerrar de ojos. Se convierte en otro momento y, luego, en otro. Pasa a ser otro campo de posibilidades para la curación, el perdón y el amor compartido.

Cada momento presente da una posibilidad infinita. Nos conecta con la energía (pura) y el poder puro. Este momento afectará a todos los momentos futuros, igual que afectará a nuestros recuerdos del pasado.

Mientras sufren por un recuerdo, duden y den las gracias. Agradezcan las muchas experiencias dulces y dolorosas que les ha proporcionado la vida. Conviertan su duelo en un acto consciente de creatividad. Hagan algo.

Compongan una obra musical. Hagan un dibujo. Describan su dolor en palabras, en letras de canciones o en poesías. No eludan la verdad. Después de este *ahora* habrá otro, y, luego, otro.

Un sinnúmero de *ahoras* conformarán un día, un mes, y todos los años de creatividad que tenemos por delante.

La música de la vida

Ustedes no son sus creencias ni sus opiniones, no son solamente la conversación que discurre en su cabeza, sino que son el momento. Ustedes son la vida con todo su potencial.

Ustedes se han hecho pasar por el personaje protagonista de su propia historia. Han puesto su fe en los rasgos familiares y los recuerdos del personaje. Han defendido esos rasgos y se han juzgado de acuerdo con dichos recuerdos. Son reacios a ir en contra de lo que las personas esperan del personaje.

La forma en la que ustedes se definen es el resultado tanto de las opiniones de otras personas como del producto de los juicios que emiten sobre sí mismos. Tras haber avanzado tanto en su estado de conciencia, ahora pueden considerar abandonar ese personaje.

Al igual que ustedes forman un pensamiento o se alinean con una idea, también pueden dejar de creer que existen separados de la vida. Unan la mente al poder creativo de la vida, tal como lo harían en una ceremonia de matrimonio.

Fusionarse con la vida no es un reto, porque la vida es lo que somos y lo que siempre hemos sido. El reto es soltar todas las historias, las divagaciones, que nos hacen sentir separados de la vida.

Hasta ahora, su conocimiento ha servido a los deseos de un personaje imaginario. En vez de eso, dejen que su conocimiento sirva a la voluntad de la vida. Den a sus palabras el poder de iluminarlos, no de subestimarlos. Igual que dejarían cualquier arma, descarten sus dudas y miedos. Dejen que sus juicios acaben y tengan fe en la verdad de ustedes.

Muévanse al ritmo de las suaves melodías de la naturaleza. Todos nos sentimos energizados tras una caminata por la montaña o un día en el mar. Nos relajamos con la compañía de una mascota. Disfrutamos de escuchar el canto de los pájaros. En otras palabras, seguimos la música de la naturaleza de forma natural, pero también podemos seguirla de manera consciente.

En la mayoría de las tradiciones, los ritos funerarios van acompañados de música. Primero es el canto fúnebre o lamento de los muertos. Después, se transforma en una canción festiva, cuando las familias y los desconocidos se reúnen para bailar y celebrar que una persona ha pasado de la materia a la energía eterna.

El duelo forma parte de la música de la vida, pero la gran música incluye todas las notas. El duelo es la canción personal que debemos cantar. La convertimos en una oda a la alegría o en un lamento. Nuestro duelo se puede susurrar o se puede construir para grandes *crescendos*, pero hay que tener cuidado y no imponer nuestras emociones a otras personas. Respeten el arte de estas personas igual que quieren que ellas respeten el de ustedes.

Se puede descubrir mucho cuando somos sinceros sobre nuestro duelo. Los misterios confusos se pueden entender mejor y los temores que tenemos sobre la muerte incluso se podrían resolver. Escuchemos cómo describía un estudiante la intensidad del duelo como puerta hacia la revelación:

«Me enteré de que él había muerto, y se me paralizó la mente. La tristeza me arrebató toda mi fuerza. Me derrumbé en el suelo. Empecé a gemir. Al principio, en voz baja, pero luego en voz alta hasta que parecía que hicieran temblar la habitación.

Era un sonido que no había oído nunca, ni de mí ni a ningún otro ser vivo. Era un aullido; salvaje y, de alguna forma, tierno.

Era primitivo y elocuente, llevaba la fuerza sumada de todas las emociones. Se hacía cada vez más fuerte, hasta que al final perdió la voz... hasta que hubo un silencio total dentro de mí.

Al recordar ese momento, me parece que el animal y el ángel se conocieron. La carne y el espíritu se fusionaron y, juntos, describieron la verdad de lo que Yo era...»

Consideremos esto. Animal y ángel: uno implora piedad y el otro la ofrece. Juntos, crean la vibración sónica del amor. Sin palabras, nos dicen lo que son realmente.

Al sacarla de su arrogancia, la mente no tiene nada que decir ni ningún consejo que dar. No tiene voz, ni historias, ni estrategias. No tiene más remedio que rendirse y admitir la derrota en su propio campo de batalla.

En esos momentos, lo que le parecía importante de repente parece trivial. Lo que estaba oculto pasa a estar accesible. Lo que se temía ya no nos da miedo. En un breve espacio de tiempo, podemos reconocer la verdad. Puede que nos veamos tal y como somos.

Somos animales y ángeles, ambos. Somos materia, siempre en una danza con la energía. En este momento, somos carne viva envuelta por la fuerza eterna de la vida.

La muerte antes de la muerte

Su cuerpo morirá algún día. Este sueño acabará para ustedes. Antes de que eso ocurra, ¿qué otra cosa cree que debería acabar? ¿Su miedo? ¿Su duda? ¿Sus juicios? ¿Su dolor?

El temor puede acabar. No tienen que tener miedo a recibir amor ni a darlo (invertirlo). Se han acostumbrado a tomar decisiones basadas en el miedo de que algo no dure. Saben que todo termina, pero también temen los finales. Esto puede acabar.

No hay principios sin finales. No hay vida sin muerte. Ustedes pueden escoger ser felices al tener ese conocimiento, en lugar de dejar que eso les desanime. Ustedes pueden acabar con su duda.

La duda nos ayuda a desechar viejas creencias sobre nosotros mismos. Hace posible que nos desvinculemos del personaje principal de la historia. Una vez que la duda nos ha liberado de las ilusiones, podemos querernos tal y como somos. Ustedes pueden estar enamorados, siempre, sin ninguna duda.

Acabemos con el dolor. Todas nuestras inquietudes sobre el futuro, sobre tomar buenas o malas decisiones, deben acabar. Debemos cultivar la fe en nuestra verdad, acabar con el tormento que procede de nuestros propios juicios y de temer la opinión de los demás.

Acabemos con los desequilibrios. Ganemos la guerra en nuestra propia mente. Detengamos el conflicto constante de ideas y veamos las cosas tal y como son. Hay que encontrar una forma de crear equilibrio, igual que lo hace la vida. Nuestra mente es capaz de crear su propio equilibrio construyendo algo bueno a partir del trauma y la pérdida. Tomen medidas. Sigan creando.

Acabemos con los engaños. Corrijamos las falsas impresiones cuando las veamos. Nuestro cuerpo es un espejo de la vida. Nuestra mente es el reflejo, a menudo distorsiona lo normal y lo convierte en algo amenazador.

Mejoren la forma de reflejar el proceso creativo de la vida en el universo paralelo que denominan realidad. Acepten todos los aspectos de la vida, incluso la muerte y su duelo tras la pérdida.

Hay muchas cosas que ustedes pueden permitir que mueran, mientras ustedes existan todavía. Pueden dejar de tomarse la vida tan en serio, reírse un poco más, incluso ante la tragedia. Abandonar algunos hábitos que no tienen cabida en su sueño.

Romper acuerdos que ya no les hacen felices. Dejar la autocompasión. Perder su prepotencia. Sacar algunos ladrillos de sus murallas defensivas. Rehacer cosas viejas. Hacer cosas nuevas. Fortalecer su fe en la vida.

Las cosas acaban. Las alianzas se rompen. Las expectativas fallan. A través de todo esto, tengan paciencia y sean amables consigo mismos. Responsabilícense de lo que dicen y hacen en tiempos difíciles. En cualquier conversación, vean más allá de las palabras que se dicen. Miren más allá de su propio pensamiento. Vean la vida abriéndose paso a través de la materia deseosa de ser reconocida.

Hoy, reconozcan el dolor de perder a alguien y acepten las bendiciones de la muerte. Alégrense de vivir dentro de su cuerpo humano, sintiendo todo lo que hay que sentir. Ustedes sabes que pueden amar. El amor trajo a personas valiosas a su vida y el amor aliviará la pena de perderlas.

Aprecien toda la belleza que estas personas dejaron y la que todavía existe en su ausencia, esperando a ser celebrada. A partir de este momento, ustedes pueden recibir todos los aspectos de la vida con un corazón dispuesto. Y, como ustedes se aman a sí mismos, pueden sobrevivir a cualquier adversidad.

A lo largo del camino, ustedes pueden dar consuelo a un desconocido, ser un héroe para las personas más cercanas a ustedes y ser un salvador para sí mismos.

La existencia humana no es blanda y complaciente, sino que está llena de luces y sombras. Está repleta de peligros y también de santuarios en los que están a salvo. Las penas son inevitables, pero abundan los placeres increíbles.

En su búsqueda de comida emocional, recuerden que la alegría se puede cazar y atrapar, igual que cualquier otra presa. Ustedes pueden arrancar la felicidad de las fauces de la desgracia, y pueden mantenerla a salvo de sus historias de miedo... porque ustedes eligen ser felices, independientemente de las circunstancias.

Ustedes eligen ser felices incluso en la enfermedad, en la pobreza. Incluso cuando el mundo les insta a tener miedo. Sabiendo que tienen una opción, ¿por qué iban a elegir *no* ser felices? Sabiendo que tienen una opción, parece que lo natural sea salvarse a uno mismo de la desesperación. Tiene sentido elevarse por encima del temor y adoptar una medida creativa.

Ustedes y yo todavía vivimos y respiramos. La vida nos llama como un amigo impaciente que bota un balón delante de nuestra ventana. Es natural que queramos salir de nuestra esquina oscura y jugar. Es difícil negar que nuestros cuerpos anhelan la felicidad.

Podemos encontrar excusas para odiar el mundo, pero nuestros corazones no estarán de acuerdo. Podemos volvernos adictos al sabor de la culpabilidad y la vergüenza, pero nuestros sueños sufrirán por ello. Podemos sentirnos identificados con el victimismo, el enfado y la autocompasión, pero, después, ¿qué?

Cuando valoramos la paz y la calma emocional, podemos redirigir al cazador que hay en nosotros.

Podemos aprender a perseguir el placer de nuevo, como hacíamos en la infancia. Incluso podemos elegir cómo nos imaginamos la realidad juntos como comunidad y como especie.

Este puede ser el legado que dejemos ustedes y yo.

El legado de Espejo Humeante

Érase una vez un joven chamán que se permitió a sí mismo cuestionar su propio conocimiento y la sabiduría de sus profesores. En un momento de inspiración, vio que la materia es un espejo que devuelve luz al universo. Vio que su cerebro, formado por materia, era el espejo. Su mente era el reflejo que devolvía luz en forma de pensamientos. Sin embargo, esos pensamientos no eran un reflejo preciso. Sus pensamientos estaban guiados por el conocimiento, fácilmente distorsionado y manipulado.

En un instante, el misterio dio paso a la revelación. Al escuchar sus pensamientos, Espejo Humeante pudo dirigir sus historias hacia la verdad. pudo despejar el humo y la confusión que distorsionaban lo que sus sentidos reconocían como real. En ese sentido, podía llegar a ser un reflejo mejor de la vida.

Un espejo humeante describe la mente de todo ser humano. Nos describe a nosotros, buscando un camino hasta la verdad. Puede que ustedes sientan amor en su interior, pero que sean incapaces de expresarlo de forma auténtica. Quizás crean que no pueden proyectar un reflejo claro de la vida.

En este preciso momento, puede que haya demasiado remordimiento y pena entre ustedes y su autenticidad. Quizás haya demasiada ira entre su mente y la vida que espera para abrazarlos.

Entre ustedes y la vida hay un muro de ruido que ustedes mismos han construido. Puede que piensen que ese muro es necesario, pero les impide ver. Les impide amar al máximo. Les dice que no se rindan a la vida.

Rendirse a la vida significa confiar independientemente de lo que pase. Significa atesorar el tiempo que nos queda. Las personas a las que queremos son más que las cosas que observamos y valoramos: más que sus cuerpos, sus mentes y sus personalidades vibrantes. Igual que nosotros, son la corriente de la vida misma.

Ustedes también son la corriente de la vida, que no se detiene ni se impide. Algún día, o incluso ahora mismo, ustedes querrán seguir amando y dando. Querrán celebrar el legado de los que ya no están y crear un legado propio.

¿Qué es un legado? Es la recopilación de todas las experiencias de su vida. Es todo lo que ustedes son, la suma de todas sus acciones y reacciones. Es la suma de sus emociones. Es lo que ustedes dan a los que se quedan cuando ustedes se apartan de su cuerpo físico.

Su toma de conciencia es su legado, igual que su autenticidad, que ustedes dejan como enseñanza a otros seres humanos. Cuando ustedes se vayan, dejarán todo lo que han dado a la vida. Dejarán recuerdos compartidos y su pasión por la vida. A su familia, amigos y parejas, dejarán su amor incondicional.

Vida. Energía. Amor. Verdad. Sin importar cómo lo llamen ustedes, se refieren a la única fuerza que hizo que ustedes existieran. Hablan de la fuerza que les sostiene ahora y que, al final, se los llevará de nuevo.

✲   ✲   ✲

Y así llegamos al final de las clases de esta semana. He disfrutado de todos los frutos que nos ha proporcionado el tiempo que hemos pasado juntos. ¡Ardo en deseos de descubrir más misterios de la vida con ustedes en el futuro!

Hasta entonces, dediquen tiempo a considerar lo que han aprendido. Reconozcan ideas que les cuestionen y concédanse tiempo y esfuerzo para verlas con una perspectiva nueva. Si se sienten identificados con otras ideas, intégrenlas en su vida.

Mientras ustedes lloran lo que han perdido, recuerden a la persona que llora. Recuerden ofrecerse a ustedes mismos el mismo amor y respeto que dan a los muertos. Si rezan por las personas a las que querían, consideren lo que el rezo puede hacer también por ustedes.

Veo el rezo como una canción para amantes. Por un lado, se hace una llamada para tocar o vislumbrar al otro por un instante. Por otro, se responde a esa llamada, pero ambos lados son lo mismo. Ustedes son la vida, el único ser, conversando consigo mismo. Ustedes son el contacto acogedor y la sonrisa tranquilizadora. Ustedes son ambos lados de cada rezo.

Quizás sientan que todos sus rezos son en balde. Puede que crean que no hay consuelo para ustedes cuando alguien a quien amaban ha muerto, pero el consuelo debe proceder de ustedes. Ustedes son los únicos que pueden conferir una bendición, y ustedes son la bendición en sí.

Ustedes son la fuente de fortaleza y sabiduría tras la pérdida. Son quienes anhelan, y quienes pueden alcanzar una vida de anhelos.

Ahora, y siempre, ustedes son el potencial puro de la vida. Incluso en su dolor, ustedes pueden elegir saludarse a sí mismos cada día con un abrazo y un beso. Ustedes pueden arroparse en la cama de noche con una canción de cuna de ternura y apreciación.

Ustedes pueden mantener viva la aventura sentimental entre la fuerza creativa de la vida y las asombrosas creaciones que son ustedes. Ustedes pueden hacerlo, a su manera y durante su vida.

Fin de la clase